ORACIONES DIARIAS

DIARIAS

— PARA FORTALECER TU —

FE

Confía en Dios sin importar lo que suceda.

ERIN H. WARREN

WHITAKER
HOUSE
Español

ORACIONES DIARIAS PARA FORTALECER TU FE
Confía en Dios sin importar lo que suceda

Originally published in English under the title *Everyday Prayers for Faith*,
by Whitaker House
All rights reserved.

Traducción al español por:
Belmonte Traductores
www.belmontetraductores.com

Edición: Henry Tejada Portales

ISBN: 979-8-88769-302-6
eBook ISBN: 979-8-88769-303-3
Impreso en los Estados Unidos de América
© 2024 by Erin H. Warren

Whitaker House
1030 Hunt Valley Circle
New Kensington, PA 15068
www.espanolwh.com

1 2 3 4 5 6 7 8 9 10 11 𝗟𝗛 31 30 29 28 27 26 25 24

DEDICATORIA

Para Stacey, Amy y Tanya:

La fe de ustedes afila mi fe. Gracias por ser de las amigas
que romperían el techo para acercarme a Jesús.
¡Las quiero mucho!

ÍNDICE

PRÓLOGO

Soy la típica mujer que se cae muy a menudo. Me he torcido el tobillo tantas veces a lo largo de mi vida, que en mi familia ya se ha convertido en una broma. Si hay un agujero cerca, yo caeré dentro. Me he torcido el tobillo estando de pie sin moverme (no estoy bromeando), caminando por una vereda firme, y todavía, curiosamente, mientras estaba sentada en la mesa jugando una partida intensa de *Scrabble* con mi familia. En aquella ocasión terminé en la consulta de un ortopedista que me dijo directamente que, si no dejaba de abusar así de mis tobillos, con el tiempo necesitaría cirugía. Cuando mi esposo y yo estamos entrando en un edificio o llegando a cualquier terreno desnivelado, él levanta mi mano cuando hay un escalón… como si ese acto de alguna manera le hará saber a mi cerebro que mi pie debe actuar. Es su forma de intentar ayudar.

La amenaza de la cirugía y mi intenso deseo de evitarla me hizo comenzar a mirar hacia el suelo cuando camino, especialmente cuando lo hago sobre superficies desniveladas. En una ocasión, cuando iba caminando por el jardín de mis suegros (que estaba especialmente desnivelado) choqué con un árbol porque estaba demasiado ocupada mirando dónde ponía los pies. Por suerte, era una rama y no el tronco, pero igualmente choqué con un árbol.

Sé que mi historia es chistosa, y la conté a propósito para hacerte reír (puedo soportar que te rías de mí, no pasa nada). Sin embargo, espero que también sirva para ilustrar una verdad más profunda.

Todas queremos caminar sobre suelo firme, tener algo de donde agarrarnos o algo de control cuando parece que nos estamos cayendo. Cuando camino, miro al suelo en un intento de protegerme. Si no lo hago, no puedo ver peligros potenciales como agujeros o desniveles, y eso podría hacerme daño. Busco protección en Dios y en su Palabra contra las sorpresas y los baches de la vida. Si no lo hago, no entenderé ni podré resistir cuando las cosas no vayan según lo planeado.

Eso se llama fe.

Hay todo tipo de definiciones raras y místicas para la palabra *fe*. He oído esta palabra usada muchas veces en medio de partidos deportivos de secundaria... e incluso en partidos universitarios o profesionales... para describir un tipo de sentimiento profundo que impulsa a un atleta a seguir avanzando a pesar del dolor, el desánimo o la pérdida. "¡Vamos, sigue! ¡Ten fe!". Seguramente yo misma habré gritado alguna versión de esas palabras al ver a mis propios hijos jugar a la pelota.

Algunas definiciones de fe apuntan a una creencia en un poder que va más allá de nosotras mismas. Otras definiciones sugieren que el poder está en nuestro interior. Aun otras apuntan a una experiencia religiosa o una verdad. Las definiciones de fe son diversas, pero todas ellas tienen un elemento en común: están basadas en algo que no se puede ver.

La Biblia habla de esto en el libro de Hebreos: *Ahora bien, la fe es la certeza de lo que se espera, la convicción de lo que no se ve* (Hebreos 11:1, LBLA). En su versión de la Biblia parafraseada, Eugene Peterson describe la fe de la siguiente manera: *El hecho fundamental de la existencia es que esta confianza en Dios, esta fe, es el fundamento firme que sostiene todo lo que hace que la vida valga la pena. Es nuestro asidero para lo que no podemos ver* (Hebreos 11:1 MSG, traducción libre).

Algo a lo que nos aferramos cuando nada tiene sentido... o tal vez algo que le dé sentido a lo que no parece tenerlo a simple vista. Así es como yo entiendo la fe. En cualquier caso, es la seguridad en la pisada cuando el mundo en el que vivimos parece ser un gran terreno tuerce tobillos. Y yo necesito eso.

Sí, hay muchas definiciones de fe, pero solo hay una que le da al creyente esa seguridad; seguridad que no surge de nuestro interior. No es algo místico ni algo que podamos sacar de nuestras propias fuerzas. Surge de conocer a Dios y mediante una relación con su Hijo Jesús. Durante los próximos treinta días, mi amiga Erin Warren te llevará de viaje para explorar ese tipo de fe. Al final creerás en la fidelidad del Dios en el que has puesto tu fe. No se me ocurre otra persona mejor para acompañarte en este viaje, y no se me ocurre mejor momento que ahora. Erin y su familia han atravesado todo tipo de baches, desvíos y experiencias que hicieron que el mundo a su alrededor pareciera nublado en lugar de claro. Han tropezado y resbalado por terrenos desnivelados, pero en lugar de permitir que esas dificultades los alejaran de Dios, se han aferrado a su Palabra, lo cual les ha dado una manera de lidiar con el mundo en el que viven. Viven por fe.

Y tú también puedes hacerlo.

Acompaña a Erin, y ella te guiará a un estudio de lo que es la fe bíblica y verdadera. Explora con ella al Dios que inspiró estas palabras:

Por el gran amor del Señor no hemos sido consumidos y su compasión jamás se agota. Cada mañana se renuevan sus bondades; ¡muy grande es su fidelidad! —Lamentaciones 3:22-23 (NVI)

Juntas en esto,
Brooke McGlothlin
Fundadora de *Million Praying Moms*

Nota:

Este devocionario utiliza el método de oración diaria "Piensa, ora, alaba" de *Million Praying Moms* (Un millón de mamás que oran). Si no estás familiarizada con esta práctica de oración, por favor visita:

www.millionprayingmoms.com/
the-think-pray-praise-method-of-daily-prayer

INTRODUCCIÓN

FE EN UN DIOS FIEL

Mi familia y yo estábamos disfrutando de un día de diversión muy necesario en un parque temático de nuestra ciudad. Manejamos los autos de carreras y nos subimos en el carrusel. Saboreamos el helado y el precioso clima invernal de Florida. Fue glorioso. Nos aventuramos a la zona de exploración para ver las cuevas y los fortines. Allí comenzamos un camino poco firme por un puente de barriles. Nos reímos mientras intentábamos mantener el equilibrio sobre los barriles giratorios que se movían arriba, abajo y de lado. Mientras me reía, también sabía que el puente era una metáfora de mi vida.

Estábamos saliendo de cuatro años de vivir en modo crisis y supervivencia en un camino incierto. Me sentía azotada de un lado a otro por circunstancias que estaban fuera de mi control, y quería desesperadamente volver a pisar terreno firme.

Nuestro viaje de incertidumbre comenzó cuando mi esposo Kris tuvo algunos problemas médicos. Varios doctores examinaron sus síntomas y le hicieron pruebas. Kris probó con diferentes medicamentos, pero nada funcionaba. Después de unos seis meses de búsqueda, terminó en el hospital. Pensábamos que estaría allí un par de horas, pero las horas se convirtieron en días. Los médicos le hacían una prueba tras otra, y aunque comenzaron a descartar algunas cosas graves y alarmantes, todavía no sabían qué le pasaba a Kris.

Finalmente, después de pasar cinco días en el hospital, le diagnosticaron una enfermedad autoinmune, una enfermedad crónica que tendría el resto de su vida. Mi fe comenzó a tambalearse. Kris estaba muy enfermo, y un ejército de amigos y familiares salieron al rescate para ayudarnos. Sin embargo, cada vez que alguien me decía "Dios es fiel", algo en mis entrañas se retorcía. No podía dejar de pensar: *Lo más probable es que mi esposo nunca se sane, ¿dónde está la fidelidad de Dios en eso?*

No me malinterpretes; no era que no *creía* que Dios podía sanarlo. Es que ahora vivía con la tensión de estar en un mundo quebrado, con cuerpos quebrados, en el que la sanidad no siempre se produce. Tenía que enfrentarme a la realidad de que Dios podría *no* sanar, por mucho que yo orara y por mucho que yo lo deseara. La realidad de vivir a este lado del cielo es que no siempre recibimos el resultado que deseamos.

Seguramente eso ya lo sabes. Imagino que tú también te has enfrentado a un buen número de decepciones en la vida. Tal vez también te preguntaste dónde estaba la fidelidad de Dios en medio de todo ello. ¿Sigue siendo fiel cuando los giros y los cambios en la vida no salen como esperábamos? ¿Aún puedo poner mi fe en Dios cuando mis circunstancias no son las que quería?

Yo misma soy culpable de decir "Dios es fiel" mil veces cuando alguien encontraba un empleo, un novio, tenía un bebé, tenía éxito, cuando la cirugía salía bien o cuando las cosas iban como yo quería. Es nuestra frase por excelencia. Sin embargo, cuando enfrenté mi propia crisis fue cuando comencé a cuestionar esas verdades.

El problema de decir "Dios es fiel" estando ante circunstancias terrenales favorables es que surgen más preguntas. ¿Significa eso que Dios no es fiel con quien ha perdido a su esposo? ¿Dios no es fiel con quien nunca tuvo el bebé? ¿Dios no es fiel con la persona que nunca recibió el ascenso? ¿Dios no es fiel con la persona que no obtuvo la sanidad o el resultado que quería? Vincular su fidelidad a los resultados terrenales favorables de nuestra historia nos hace cuestionar el mismísimo carácter de Dios. Y, cuando hacemos eso, comenzamos a cuestionar nuestra fe en un Dios fiel.

Dios es fiel, y Dios no cambia. Yo sabía eso, así que comencé a preguntarme si había malinterpretado el significado de su fidelidad. Si su fidelidad no está vinculada a los resultados de mis circunstancias terrenales, ¿qué es su fidelidad? Fue entonces cuando comencé mi batalla, y lo que Él me reveló en ese tiempo ha cambiado por completo mi modo de ver a Dios y su fidelidad.

LA VERDADERA FIDELIDAD

Una de las definiciones de *fiel* es "firme en cuanto al cumplimiento de promesas".[1] La fidelidad de Dios es que Él cumple sus promesas. Esto provoca una pregunta: ¿qué es entonces lo que Dios nos promete? Cuando busqué sus promesas en la Escritura, Dios comenzó a hacer una gran obra en mi vida. Durante ese tiempo, Dios envolvió mi corazón en pasión por su Palabra. Comencé a leer la Biblia como nunca antes y con el foco puesto en el carácter de Dios así como en sus promesas.

Al principio me decepcionó aprender que sus promesas no son riqueza, salud, relaciones interpersonales e hijos. Yo quería que eso fuera cierto, pero eso no es lo que Él nos promete. En cambio, descubrí que su fidelidad y sus promesas son más grandes y de más valor que cualquier cosa que Él pudiera darnos en esta tierra. En 2 Pedro 1:4, Pedro dice que las promesas de Dios son "preciosas" y "grandísimas". Tienen un valor incalculable y son maravillosamente magníficas. Conocer las promesas de Dios nos ayuda a rechazar la tentación de pecar. Nos ayuda a ser más como Jesús para que literalmente seamos la imagen de Dios y mostremos su carácter.

Y todo eso es nuestro mediante la sangre de Jesucristo.

DELEITÉMONOS

A medida que leía la Escritura buscando las promesas de Dios, comencé a ver cuán grande, asombroso y maravilloso es nuestro Dios.

---

1. *Merriam-Webster Dictionary*, s.v. "Faithful", www.merriam-webster.com/dictionary/faithful

Soy una maestra de la Biblia de corazón, y me he enamorado de la Palabra de Dios.

A lo largo de los próximos treinta días quiero viajar contigo por las promesas de nuestro Dios fiel. Todas estas promesas son tuyas. *Mas ha sido Sí en [Jesús]; porque todas las promesas de Dios son en él Sí, y en él Amén* (2 Corintios 1:19-20). Podemos poner nuestra fe en nuestro Dios fiel. La fe es seguridad y confianza; una creencia firme en que Dios es quien dice que es. Yo sé de primera mano que esta vida trae consigo dolor, miedo, dificultades y preguntas, pero también sé que el que está en mí es mayor que el que está en el mundo (ver 1 Juan 4:4). Nuestras circunstancias pueden tentarnos a dudar de la fidelidad de Dios. Satanás quiere que creamos que Dios no nos está dando lo mejor. Satanás quiere que olvidemos las promesas de Dios y quiere que estemos confundidos acerca de quién es Dios. Pero Satanás "es mentiroso, y padre de mentira" (Juan 8:44). Vino para robar, matar y destruir (ver Juan 10:10).

Cristo vino para que podamos experimentar la abundancia que nos espera en el carácter y en las promesas de Dios. Podemos confiar en Él. *Confía en el Señor y haz el bien; establécete en la tierra y mantente fiel* (Salmos 37:3, NVI). La expresión *mantente fiel* también puede traducirse en el hebreo como "aliméntate de la fidelidad". Somos llamadas a confiar en Él y a deleitarnos en su abundante fidelidad.

Ármate del conocimiento de sus promesas. Mientras lees estas promesas, te animo encarecidamente a que busques los versículos adicionales. Su Palabra es un escudo sobre tu corazón y tu mente. Estas promesas son una espada con la que podrás luchar cuando te sientas tentada a creer que Dios no es fiel. Y, como Dios *sí* es fiel, puedes poner toda tu fe y tu confianza en Él.

Cuando caminamos por el puente de barriles en enero de 2020 yo tenía esperanza en el año que comenzaba, pero no tenía ni idea de que los años de crisis no harían más que continuar. Saltando de un barril a otro detrás de mis hijos, el pequeño (que en ese momento tenía cinco años) levantó los brazos, saltó por encima del metro que quedaba de puente y exclamó: "¡YO. CONFÍO. EN. DIOS!" delante de todo el parque. Después de aterrizar en el suelo firme que había después del puente, se volteó y dijo confiado: "Sip. Confié en Dios".

Querida amiga, no sé cuál es el viaje inestable que estás atravesando ahora mismo, pero sí sé lo siguiente: nuestro Dios es fiel, y puedes confiar en Él. Puedes poner tu confianza en Él aunque la vida te esté azotando de un lado a otro. Sus promesas son un fundamento firme que te sostendrá en el proceso.

Mientras escribo estas palabras, mi familia está atravesando otra crisis de salud, pero las promesas de Dios son mucho más abundantes, más grandes y mucho más valiosas que cualquier cosa que ocurra aquí en la tierra. Por lo tanto: *Mantengamos firme la esperanza que profesamos, porque fiel es el que hizo la promesa"* (Hebreos 10:23, NVI).

Es mi oración que en los próximos treinta días Dios te encuentre en las páginas de su Palabra, y tu fe sea fortalecida por sus promesas preciosas y abundantes.

Día 1

DIOS ES FIEL PARA SALVAR

Si confesares con tu boca que Jesús es el Señor,
y creyeres en tu corazón que Dios
le levantó de los muertos, serás salvo.

—Romanos 10:9

Yo tenía unos cinco o seis años cuando hice *la oración*. Mi memoria no es perfecta, pero recuerdo estar sentada en las rodillas de mi papá en la mesa de la sala orando para recibir a Jesús como mi Salvador. Y con esa decisión cambió toda la trayectoria de mi vida. No, no entendía completamente el peso de mis palabras. Durante las siguientes décadas me dedicaría a descubrir lo que significa poner mi fe en Jesús. La verdad es que sigo aprendiendo, pero ese día comencé el camino.

A lo largo de los años he escuchado a muchas personas decir que los niños pequeños son demasiado jóvenes para entender lo que significa aceptar a Jesús como su Salvador, pero mi mamá me animó a pesar de las dudas de ellos. Ella me dijo: "Yo no quería desechar lo que Dios podría hacer en los corazones de mis hijos". Y estoy muy agradecida porque ella continuó animándome en mi fe, porque nuestro Dios es fiel para salvar.

El libro de Romanos es una de las explicaciones del evangelio más amplias y completas de la Escritura. La iglesia en Roma estaba dividida en cuanto a asuntos étnicos, así que Pablo escribió para volver a asentar el fundamento de cómo somos salvos y cómo vivimos a la luz de la gracia de Dios. En los primeros dos capítulos y medio, Pablo explica dónde estaríamos sin Cristo. Es un cuadro bastante triste y la verdad es difícil de leer, pero debemos leerlo. Tenemos que reconocer nuestra necesidad de un Salvador porque nadie es justo y capaz de salvarse a sí mismo. Pero hay buenas noticias.

Pero ahora, aparte de la ley, se ha manifestado la justicia de Dios, testificada por la ley y por los profetas; la justicia de Dios por medio de la fe en Jesucristo, para todos los que creen en él. Porque no hay diferencia, por cuanto todos pecaron, y están destituidos de la gloria de Dios, siendo justificados gratuitamente por su gracia, mediante la redención que es en Cristo Jesús, a quien Dios puso como propiciación por medio de la fe en su sangre, para manifestar su justicia, a causa de haber pasado por alto, en su paciencia, los pecados pasados, con la mira de manifestar en este tiempo su justicia, a fin de que él sea el justo, y el que justifica al que es de la fe de Jesús. —Romanos 3:21-26*

"Por medio de la fe en Jesucristo". No hay otro modo. Todos nos quedamos cortos. Todos somos pecadores. Todos necesitamos un Salvador. Alabado sea Dios porque Él es fiel para salvar.

Volviendo a Romanos 4, Pablo utiliza el ejemplo de Abraham para mostrar que necesitamos fe para poder ser salvos, y que las obras no nos salvan. Al hacer un pacto con Abraham (que en aquel momento se llamaba Abram), Dios dijo: *Mira ahora los cielos, y cuenta las estrellas, si las puedes contar. [...] Así será tu descendencia* (Génesis 15:5). Abraham respondió en fe: *Y creyó a Jehová, y le fue contado por justicia* (Génesis 15:6). Pablo vuelve a señalar este momento cuando Abraham, el hijo de un pagano, confesó su fe en Dios.

Tampoco dudó, por incredulidad, de la promesa de Dios, sino que se fortaleció en fe, dando gloria a Dios, plenamente convencido de que era también poderoso para hacer todo lo que había prometido; por lo cual también su fe le fue contada por justicia. —Romanos 4:20-22

Muchos estudiosos consideran que este es el momento de la salvación de Abraham; el momento en el que puso toda su fe en Dios.

No, él no era perfecto en ese momento. Sí, siguió pecando y cometió muchos errores por los que pagó un precio alto, pero confió en Dios y *creció* en su fe. Esto es una imagen de nuestra fe mientras caminamos sobre la tierra. Es un camino. Desde el momento en el que Dios llamó a Abraham hasta el nacimiento de Isaac pasaron veinticuatro años. Piensa dónde estabas en tu camino de fe hace veinticuatro años. ¿Ha crecido tu fe?

El momento de salvación no produce la perfección en nuestras vidas. Nuestra fe seguirá creciendo a medida que sigamos caminando con Dios. Dios es fiel para salvar, pero todo comienza con la rendición y al poner nuestra fe en Él.

PARA PENSAR

Más adelante en Romanos, Pablo explica lo que debemos hacer para ser salvos:

Si confesares con tu boca que Jesús es el Señor, y creyeres en tu corazón que Dios le levantó de los muertos, serás salvo. Porque con el corazón se cree para justicia, pero con la boca se confiesa para salvación. —Romanos 10:9-10

Debemos confesar con nuestra boca y creer en nuestro corazón que Jesús murió para pagar el precio de nuestro pecado y que se levantó de entre los muertos tres días después. Cuando hacemos esto, somos salvos. Entonces pasamos el resto de nuestras vidas aquí en la tierra aprendiendo lo que significa rendirse y someterse a nuestros Dios asombroso.

No desprecies el momento. Recuerda que Dios es fiel para salvar y después disfruta de los abundantes beneficios disponibles para ti, incluyendo el resto de las promesas que leerás en este libro. Cada una de ellas es tuya porque has sido salvada por la gracia de Dios a través de la fe en Jesucristo.

MÁS VERSÍCULOS PARA ESTUDIAR U ORAR

Juan 3:1-21; Efesios 2:1-10

VERSÍCULO DEL DÍA

Si confesares con tu boca que Jesús es el Señor, y creyeres en tu corazón que Dios le levantó de los muertos, serás salvo. Porque con el corazón se cree para justicia, pero con la boca se confiesa para salvación. —Romanos 10:9-10

ORACIÓN

Esta es una oración sencilla de salvación. Si nunca antes has hecho esta oración o tienes más preguntas, encontrarás una explicación más detallada en el apéndice. Si ya has entregado tu vida a Jesús, te animo a que leas esto como una oración de rededicación.

Jesús, gracias por venir y hacer lo que yo no podía hacer. Pagaste el precio para que pudiera ser salva no solo del infierno, sino también para poder tener una relación contigo. Creo en ti, Señor Jesús. Confieso que soy pecadora y que necesito desesperadamente tu gracia. Por favor, sálvame. Te doy mi vida y me rindo a tus caminos. Gracias por ser fiel para salvar a aquellos que claman a ti.

PIENSA

ORA

_____

_____

_____

ALABA

_____

_____

_____

PENDIENTES   LISTA DE ORACIÓN

_____   _____

_____   _____

_____   _____

PREGUNTAS PARA UNA REFLEXIÓN MÁS PROFUNDA

1. ¿Te cuesta creer que tu fe es suficiente para salvarte? ¿De qué manera te ayuda esta promesa a asegurarte de que Dios es fiel para salvarte?

_____

_____

_____

2. ¿Cuándo fuiste salva? ¿De qué maneras has visto a Dios hacer crecer tu fe desde entonces?

_____

_____

_____

Día 2

DIOS ESTÁ
FIELMENTE PRESENTE

Y he aquí yo estoy con vosotros todos los días,
hasta el fin del mundo.
—Mateo 28:20

En la introducción mencioné que mi familia estaba atravesando otra crisis de salud. Esta es referente a mi hijo menor, que fue diagnosticado con diabetes tipo 1. Para nosotros fue más que una sacudida, y puso patas arriba todo nuestro mundo. Los primeros meses estuvieron llenos de un aprendizaje intenso, frustración al nivel de querer arrancarnos el cabello, y una completa sensación de entumecimiento. Estábamos más que exhaustos, y a mí me resultaba complicado mantener la compostura. En esos días no estaba sentándome con Dios para tener tiempos largos y dulces leyendo la Palabra; en cambio, me apoyaba en la Palabra que estaba en mi *interior*. Conocía la importancia de confiar en las promesas de Dios por nuestra crisis anterior. En esos días en los que casi ni podía pensar, la promesa de Dios a la que mi mente regresaba constantemente era esta: Dios es fiel y está presente. Sabía que Dios estaba con nosotros, así que mi oración era: "Dios, no permitas que no te vea. Déjame ver dónde estás".

En Mateo 28 Jesús les dio un último mandamiento a los discípulos antes de ascender al cielo: vayan y cuenten todo. Difundan esta buena noticia. Llévenla a las naciones. Creo que muchas veces leemos ese pasaje y notamos que el sentido de propósito crece en nuestro interior. Nos sentimos llenas de valentía y poder, pero me imagino que quienes estaban allí con Jesús pudieron haber sentido puro temor. Habían caminado con Jesús por tres años. Él había estado con ellos físicamente y ahora los abandonaba. Lo estaban viendo literalmente ascender y *alejarse* de ellos, pero Jesús les deja una promesa: *Estoy con ustedes siempre* (Mateo 28:20, NTV). Puede que los dejara físicamente, pero no los dejaba solos. Él prometió estar con ellos, y lo mismo nos promete a todos.

La historia de la Biblia es la historia del Dios que anhela habitar entre su pueblo y quiere que su pueblo habite en Él. *Quiere* estar con nosotros, y a través de la vida, muerte y resurrección de Jesucristo, Él ha abierto un camino para que podamos hacerlo. En su libro *Mejor que el Edén*, Nancy Guthrie explica esta verdad más a fondo:

> La gran pasión del corazón de Dios, revelada desde Génesis hasta Apocalipsis, es estar con su pueblo en un lugar en el que nada pueda separar, alienar o contaminar, disfrutando de una relación cara a cara de puro gozo y sin despedidas. De hecho, una de las cosas más asombrosas acerca de la historia que leemos en la Biblia es que se trata mucho más del deseo de Dios de habitar con su pueblo que el deseo de su pueblo de habitar con Él.[2]
>
> No hay despedidas. No hay separación. Está con nosotros. Siempre.[3]

Yo oré pidiendo ver a Dios en mis momentos de mayor desesperación, y Dios respondió con gracia. No puedo explicar la fuerza sobrenatural que tuvimos a pesar de nuestro agotamiento físico y mental. Yo podía *sentir* literalmente cómo Dios nos sostenía. Uno de los primeros días de este proceso sentí que ya había tenido suficiente. Estaba abrumada. Mi esposo y yo acabábamos de tener una pequeña *discusión*, y yo necesitaba una pausa; por lo tanto, hice lo que muchas

2. Nancy Guthrie, *Mejor que el Edén: Nueve formas en las que la historia bíblica cambia todo sobre tu propia historia* (Wheaton, IL: Crossway, 2018).
3. Si quieres profundizar en este concepto, lee "To Dwell in Our Midst: A Study of the Tabernacle and How It Points Us to Jesus" en erinhwarren.com/dwell

de nosotras a veces hacemos en situaciones tensas: me fui de compras. En mi cabeza debatía lo que diría si me encontraba con alguien que conocía. ¿Le diría la verdad cuando me preguntara educadamente "cómo estás"?

Giré por un pasillo en la zona de material de oficina, y me encontré con una vieja amiga de la iglesia. Era el tipo de amiga a la que no puedes esconderle la verdad. Comencé a llorar allí mismo, entre las plumas y los materiales de manualidades, contándole todo lo que había ocurrido esa semana. Ella, en cambio, me animó con la Biblia como yo necesitaba ese día. Pude haberle mentido. Pude haber decidido alejarme creyendo que era una casualidad, pero Dios respondió a mi oración. Me recordó que Él estaba conmigo.

Los recordatorios de Dios pueden ser la palabra de una amiga en el momento justo, un mensaje con un versículo de la Biblia que necesitabas en ese momento, o una paz o fortaleza inexplicables que no podrían venir de otro lugar que no fuera Dios.

PARA PENSAR

Mateo 28:20 se hace eco de la promesa de Dios en Hebreos 13:5: *Porque él dijo: No te desampararé, ni te dejaré.* Cuando enfrentamos dificultades y sentimos que Dios está ausente, debemos tener la seguridad absoluta de que Él no nos ha dejado ni desamparado. Él está con nosotras siempre. Leemos en Salmos 143:5 (NVI): *Traigo a la memoria los tiempos de antaño: medito en todas tus proezas, considero las obras de tus manos.* Cuando seas tentada a creer que Dios ha roto su promesa contigo, regresa a estos versículos y recuerda que Dios está fielmente presente. Haz una lista de todas las maneras en las que hayas visto que Él está contigo, para que puedas recordar su fidelidad. Pídele que abra tus ojos para ver su presencia contigo de modo tangible.

MÁS VERSÍCULOS PARA ESTUDIAR U ORAR

Salmos 23; 143:5-6; Hebreos 13:5-6

VERSÍCULO DEL DÍA

Y he aquí yo estoy con vosotros todos los días, hasta el fin del mundo. —Mateo 28:20

ORACIÓN

Dios, sé que eres fiel y estás conmigo. No permitas que me pierda lo que haces en cada momento del día. Ayuda a mis ojos a buscarte y verte. Ayuda a mis oídos a que te oigan y te escuchen. Ayuda a mi corazón y a mi mente a aferrarse a la verdad de que tú nunca me dejas ni me abandonas. Gracias por abrir un camino para que tu presencia esté con nosotros siempre, hasta el fin de los tiempos.

PIENSA

ORA

ALABA

PENDIENTES   LISTA DE ORACIÓN

_____   _____

_____   _____

_____   _____

PREGUNTAS PARA UNA REFLEXIÓN MÁS PROFUNDA

1. ¿De qué maneras has visto la presencia de Dios contigo en tus circunstancias difíciles?

_____

_____

_____

2. ¿En qué momentos te cuesta creer que Dios está contigo? ¿Cómo puedes usar estos versículos para recordar su presencia fiel?

_____

_____

_____

Día 3

DIOS ES FIEL PARA DAR DESCANSO

Venid a mí todos los que estáis trabajados y cargados,
y yo os haré descansar. Llevad mi yugo sobre vosotros,
y aprended de mí, que soy manso y humilde de corazón;
y hallaréis descanso para vuestras almas;
porque mi yugo es fácil, y ligera mi carga.
—Mateo 11:28-30

Si alguna vez hubo un momento en el que he sentido la necesidad desesperada de descansar, es ahora mismo. Entre escribir, gestionar la salud de mi familia, manejar con el auto a todas partes, hacer todos los recados... ¡ah! ¿Y también quieres comer? Estoy agotada. Sin embargo, he aprendido que nuestro agotamiento no siempre es una señal de haber dicho *sí* a demasiadas cosas. Nuestra inclinación natural es pensar que necesitamos hacer menos, pero la vida con un niño con necesidades especiales no se presta al descanso físico. Para mí, en esta temporada el descanso físico simplemente no es posible, pero eso no significa que Dios no cumplirá su promesa de darme descanso.

Estas palabras de Jesús en Mateo 11 me producen un gran alivio. Otra traducción del v. 28 (NVI) invita a todos aquellos que están "cansados" a venir a Jesús, lo cual engloba a aquellos que están agotados, exhaustos por el esfuerzo, con preocupaciones y dolor. "Cargados" significa literalmente llenos de cargas. Estamos cargadas y agobiadas por la enfermedad, el trabajo, las heridas, el dolor, los rituales y la vida misma. Fíjate que Jesús no dice que Él quitará tu carga. En lugar de eso, nos promete descanso. Bajo su yugo, el peso de la carga se levanta. Pero ¿qué es esta carga?

Normalmente dejamos de leer al final de Mateo 11, pero si vamos a Mateo 12 nos damos cuenta de que Jesús dijo estas famosas palabras en el contexto del sábado (día de reposo). Creo que esto es clave para entender el descanso prometido al que Jesús hace referencia aquí. La ley judía establecía que debía haber un día de reposo cada siete días como estaba establecido en los Diez Mandamientos (ver Éxodo 20:8-10). A lo largo de los años, los líderes religiosos judíos habían añadido más de trescientas leyes para definir qué se consideraba trabajo el día de reposo. Además, había sacrificios y rituales que eran un requisito para que el pueblo se mantuviera puro. La carga de la religión era pesada.

El yugo al que estaba sometido el pueblo de Dios (el yugo de la ley, el perfeccionismo y llegar a cierto estándar) no daba descanso, pero Jesús vino para redefinir el día sábado. Él puede hacer eso porque es "Señor del sábado" (Mateo 12:8, NVI). Él vino para hacernos libres de la carga ritualista de la religión y ofrecernos una relación con Él llena de gracia y basada en el descanso. Vino para librarnos de tener que cargar con todo. Vino para darnos un nuevo yugo; uno que es fácil y ligero. Nuestro Salvador, manso y humilde, vino a abrir un camino para que la presencia de Dios estuviera siempre con nosotras sin tener que trabajar duro para conseguirla. Siempre tenemos descanso porque siempre tenemos con nosotras la presencia de Dios (Éxodo 33:14).

PARA PENSAR

El sábado o día de reposo no es ver una serie completa, hacer algo que nos relaje o simplemente no trabajar. El verdadero descanso del sábado lo experimentamos cuando permitimos que el Creador del mundo sople sobre nosotras con aliento de vida. No tenemos que cargar solas con todo. No tenemos que ganarnos nuestra salvación. Podemos ir ante Jesús, entregarle nuestras cargas, y aprender a andar en sus caminos. Jeremías 6:16 dice: *Así dijo Jehová: Paraos en los caminos, y mirad, y preguntad por las sendas antiguas, cuál sea el buen camino, y andad por él, y hallaréis descanso para vuestra alma. Mas dijeron: No andaremos.*

Acércate a Jesús. Deja que Él sople sobre ti. Su presencia sopla vida para darte descanso igual que Dios sopló sobre Adán para darle vida. El día de reposo significa recordar quién es Él y lo que ha hecho por ti. Es un recordatorio de la relación de pacto que puedes tener gracias a la sangre de Jesucristo. Cuando te tomas el tiempo de detenerte y sentarte en su presencia, encuentras descanso para tu alma. Piensa en la eternidad y descansa, sabiendo quién es Dios y los planes que tiene para ti.

MÁS VERSÍCULOS PARA ESTUDIAR U ORAR

Éxodo 31:12-17; 33:14; Jeremías 6:16

VERSÍCULO DEL DÍA

Venid a mí todos los que estáis trabajados y cargados, y yo os haré descansar. Llevad mi yugo sobre vosotros, y aprended de mí, que soy manso y humilde de corazón; y hallaréis descanso para vuestras almas; porque mi yugo es fácil, y ligera mi carga. —Mateo 11:28-30

ORACIÓN

Señor, que tu presencia esté conmigo hoy. Sopla vida y descanso sobre mi alma. Recuérdame que no tengo que llevar las cargas que siento; en cambio, puedo dejarlas a tus pies, tomar tu yugo y descansar. Gracias por venir para redefinir el descanso del sábado. Gracias por mostrarnos la manera en que debemos caminar. Gracias por la promesa de descanso, incluso cuando me siento de todo menos descansada.

PIENSA

ORA

ALABA

PENDIENTES   LISTA DE ORACIÓN

PREGUNTAS PARA UNA REFLEXIÓN MÁS PROFUNDA

1. ¿De qué maneras has visto cómo el descanso vivificante que Dios da te refresca, incluso cuando estás físicamente cansada y fatigada?

2. ¿En qué áreas de tu vida te sientes cansada? ¿Cómo puedes rendirte y dejar esas cargas a sus pies?

Día 4

DIOS ES FIEL PARA IR DELANTE DE TI

Y Jehová va delante de ti; él estará contigo, no te dejará,
ni te desamparará; no temas ni te intimides.
—Deuteronomio 31:8

Había enseñado un estudio bíblico a través de internet regularmente por casi dos años, cuando sentí que el Señor me mostraba que debía descansar durante el verano. Durante semanas le dije a Dios que estaba equivocado. Estábamos en un buen momento y el ministerio estaba creciendo. Las mujeres ya me preguntaban qué era lo siguiente, y estaban ansiosas por seguir avanzando; por lo tanto ¡tomarme un descanso no tenía sentido! Pero Dios siguió insistiendo. Lo escuché en un *podcast*, en un sermón y en una publicación en redes sociales. *Descansa durante el verano, Erin.* Finalmente no pude ignorarlo más, así que anuncié que descansaría durante el verano. Pensé que usaría ese tiempo para enfocarme en escribir y descansar, pero dos semanas después de nuestra última sesión estaba sentada en la consulta del doctor con mi hijo de siete años, muy enfermo, que había sido diagnosticado con diabetes tipo 1. Instantáneamente supe que Dios había ido por delante de mí cuando me dijo que me tomara un descanso.

La presencia de Dios está con nosotras, delante y detrás de nosotras. Dios es eterno, lo cual significa que es atemporal o que está más allá del tiempo. Cuando decimos que es omnipresente, no solo significa que está ahora mismo en todas partes, sino que también está en todos los momentos temporales. ¡Es un concepto complejo!

En Deuteronomio 31 Moisés está dando su último discurso a los israelitas y nombra a Josué como su nuevo líder. Casi se puede escuchar la urgencia en su voz cuando les pide que sigan avanzando, obedeciendo y poniendo los ojos en Dios. Imagino que tenían miedo. Aunque eran muchos en número, habían sido una nación sin tierra, habían vagado por el desierto por cuarenta años y ahora estaban a punto de ir a la guerra. Sin embargo, Moisés les aseguró que el Señor iba delante de ellos.

Dios les había prometido esa tierra, y en Génesis 15:14 prometió juzgar a aquellos que no lo seguían. Ahora, Dios estaba cumpliendo sus promesas. Ya había preparado el camino. Me encanta lo que dice Moisés: *El Señor su Dios marchará al frente de ustedes* (Deuteronomio 31:3, NVI). Dios no estaba enviando un ángel o un representante. Dios mismo estaba guiando, así que no tenían nada que temer. No estarían solos en este camino. No se enfrentarían solos a su enemigo, y el peso de la victoria no recaía sobre sus hombros. Dios mismo estaba con ellos e iba delante de ellos; solo tenían que seguirlo.

Después de recibir el diagnóstico de diabetes de nuestro hijo, yo no pasé el verano escribiendo y descansando como había planeado hacer. Nuestro mundo estaba patas arriba. Le di gracias a Dios muchas veces por impulsarme a tomar un descanso. Estaba agotada mentalmente, físicamente y emocionalmente. Habría sido imposible enseñar el estudio bíblico y estar presente con mi familia en esa temporada; pero Dios lo sabía. En el Salmo 139 David alaba a Dios por su omnisciencia y omnipresencia.

> *Pues aún no está la palabra en mi lengua, y he aquí, oh Jehová, tú la sabes toda. Detrás y delante me rodeaste, y sobre mí pusiste tu mano.*   —Salmos 139:4-5

Me encanta la imagen de Dios rodeándonos. Significa que todos tus flancos están cubiertos por su presencia. Significa que Dios ya está en cualquier lugar al que entres y en cualquier situación que enfrentes. Él conoce todos tus temores y todos los momentos desconocidos que aún están por llegar. Él sabe las palabras que aún no se han pronunciado. Su mano está sobre ti. No debes tener miedo ni desmayar.

PARA PENSAR

Durante una conversación reciente, mi hijo de trece años dijo: "¿Recuerdas esa situación en la que no sabías que algo existía, luego te enteras de ello, y de repente empiezas a verlo en todas partes?". ¡Oh, sí! Y este fenómeno aplica a esta promesa de Dios. Cuando sabemos que Él va delante de nosotras, comenzamos a ver su presencia delante de nosotras.

En nuestros momentos de crisis es fácil olvidarnos; por eso yo tengo una lista de momentos en los que he visto que Dios ha ido delante de mí. Te animo a que hagas lo mismo, ya sea en una libreta o en tu celular. Te asombrarás de las maneras en que lo verás contigo y delante de ti. Puedes caminar fielmente en obediencia en lo que Él te haya llamado a hacer porque el Señor tu Dios va delante de ti.

MÁS VERSÍCULOS PARA ESTUDIAR U ORAR

Salmos 139

VERSÍCULO DEL DÍA

Y Jehová va delante de ti; él estará contigo, no te dejará, ni te desamparará; no temas ni te intimides.

—Deuteronomio 31:8

ORACIÓN

Señor, sé que eres fiel para ir delante de mí, así que por favor abre mis ojos para ver todos los caminos que has preparado para mí. Por favor, ayúdame a caminar en confianza y no en temor. Dame la fuerza necesaria para caminar en obediencia a tu Palabra.

PIENSA

_____

_____

_____

ORA

_____

_____

_____

ALABA

_____

_____

_____

PENDIENTES   LISTA DE ORACIÓN

PREGUNTAS PARA UNA REFLEXIÓN MÁS PROFUNDA

1. En tu situación actual, ¿cómo has visto a Dios ir delante de ti?

_____

_____

2. ¿Qué paso de obediencia te está pidiendo que des? ¿Cómo puedes dar pasos de fe sabiendo que Él ya está ahí?

DIOS ES FIEL
PARA PERDONAR

*Si confesamos nuestros pecados, él es fiel y justo para
perdonar nuestros pecados, y limpiarnos de toda maldad.
Si decimos que no hemos pecado, le hacemos a él
mentiroso, y su palabra no está en nosotros.*
—1 Juan 1:9-10

A mi mente le encanta recordarme todos los momentos en los que fracasé, especialmente cuando apoyo la cabeza sobre la almohada en la noche. Mi mundo por fin se tranquiliza, y el silencio da pie a un bombardeo de pensamientos y recuerdos. *En esto lo podías haber hecho mejor. Hoy te equivocaste en esto otro. Debiste haber dicho eso en ese momento. ¿Te acuerdas de aquel momento en octavo grado cuando te reíste de ese niño? ¡¿Cómo puedes pensar que puedes ser testigo de Cristo cuando en la universidad hiciste ESO?!*

Lo único que quiero es dormir, pero en lugar de eso mi mente ataca. Hay una promesa a la que me aferro cuando la oscuridad amenaza con rodearme; una promesa que lanzo a la cara a los pecados de mi pasado.

Dios es fiel para perdonarme.

La palabra griega para *pecado* significa literalmente "errar el blanco". Escuchen, yo fallo el blanco todos los días… seguramente a todas horas. Sin embargo, lo asombroso del pasaje de hoy de Juan es que no nos dice que somos mentirosos si *hemos* pecado. En cambio, dice que si *decimos* que *no* hemos pecado, estamos llamando mentiroso a *Dios*. Pensar que no pecamos no nos hace ningún bien. No nos beneficia decir que caminamos en la luz cuando realmente caminamos en oscuridad. De hecho, Juan nos dice que esto *obstaculiza* nuestra comunión con Dios y con los demás. Es una amenaza para nuestro gozo.

Dios sabe que vamos a errar el blanco, y por eso envió a Jesús. Solamente por su sangre podemos ser limpiadas o purificadas de nuestro pecado. Esta es una gran promesa, porque la promesa no es solo perdón; Él promete purificarnos del pecado. La palabra *purificar* significa "eliminar los agentes contaminantes". Es el concepto de quitar lo impuro: el pecado. Su perdón implica que Él ya no lleva la cuenta de nuestros pecados. Los desecha.

Dios es fiel, justo y recto. Solamente Dios, que está libre de culpa, es digno y capaz de perdonar. Y Él es fiel para hacerlo.

PARA PENSAR

El catalizador de este perdón es nuestra confesión. En el Salmo 32 David nos da una imagen perfecta de lo que ocurre cuando no confesamos nuestros pecados:

> *Mientras callé, se envejecieron mis huesos en mi gemir todo el día. Porque de día y de noche se agravó sobre mí tu mano; se volvió mi verdor en sequedades de verano.*
> —Salmos 32:3-4

No confesar nuestros pecados nos mantiene en la oscuridad. El pecado nos roba las fuerzas y nos hace gemir cuando sentimos literalmente su peso sobre nosotras, igual que los pensamientos que me asaltan en la noche.

Primera de Juan nos insta a salir de la oscuridad de nuestro pecado y entrar en la luz de la comunión con el Padre. *Pero si vivimos en la luz, así como él está en la luz, [...] la sangre de su Hijo Jesucristo nos limpia de todo pecado* (1 Juan 1:7, NVI). Esto incluso inspiró una de mis canciones favoritas de uno de mis grupos favoritos de los noventa.

I wanna be in the Light
As You are in the Light
I wanna shine like the stars in the heavens
Oh, Lord be my light and be my salvation
'Cause all I want is to be in the Light[4]

Quiero estar en la luz
Como tú eres mi luz
Quiero brillar como las estrellas del cielo
Oh Señor, sé mi luz y sé mi salvación
Porque lo único que quiero es estar en la luz.

Podemos confiar en Dios cuando llevamos ante Él nuestro pecado. El que amontona vergüenza y culpa encima de nuestro pecado es el enemigo; nuestro Dios, lleno de gracia, nos perdona.

Mi pecado te declaré, y no encubrí mi iniquidad. Dije: Confesaré mis transgresiones a Jehová; y tú perdonaste la maldad de mi pecado. —Salmos 32:5

Cuando caminamos en su luz, nos sometemos a sus caminos y permitimos que Él nos enseñe y nos guíe, conseguimos experimentar la libertad de una comunión con nuestro Padre celestial y con los demás. Es entonces cuando nuestro gozo es completo. No es divertido admitir nuestras faltas, pero el peso que se nos quita de encima vale la pena. Podemos salir de la oscuridad y confesar nuestros pecados a Él, porque Dios es luz y es fiel para perdonar. *Bienaventurado aquel cuya transgresión ha sido perdonada, y cubierto su pecado* (Salmos 32:1).

MÁS VERSÍCULOS PARA ESTUDIAR U ORAR

Salmos 32

---

4. DC Talk, "In the Light" en *Jesus Freak* (ForeFront/Virgin, 1995).

VERSÍCULO DEL DÍA

Si confesamos nuestros pecados, él es fiel y justo para perdonar nuestros pecados, y limpiarnos de toda maldad. Si decimos que no hemos pecado, le hacemos a él mentiroso, y su palabra no está en nosotros.   —1 Juan 1:9-10

ORACIÓN

Padre, gracias porque puedo venir ante ti y confesar mi pecado sin temor. Tú me prometes perdón. Señor, confieso delante de ti que he errado el blanco. Por favor, perdóname. Ayúdame a caminar en tu luz. Enséñame y guíame mientras lo hago. Que tu amor firme me rodee mientras confío en ti. Grito de alegría porque en tu perdón puedo tener comunión contigo.

PIENSA

ORA

ALABA

PENDIENTES   LISTA DE ORACIÓN

_____   _____

_____   _____

_____   _____

PREGUNTAS PARA UNA REFLEXIÓN
MÁS PROFUNDA

1. ¿En qué momentos has visto cómo la fidelidad del perdón de Dios levantó la carga del pecado y te ayudó a caminar en su luz?

_____

_____

_____

2. ¿Qué pecado debes confesar ante tu Padre fiel?

_____

_____

_____

Día 6

DIOS FIELMENTE NOS DA EL ESPÍRITU SANTO

Y yo rogaré al Padre, y os dará otro Consolador, para
que esté con vosotros para siempre: el Espíritu de verdad,
al cual el mundo no puede recibir, porque no le ve, ni le
conoce; pero vosotros le conocéis, porque mora con vosotros,
y estará en vosotros.

—Juan 14:16-17

Hubo muchas veces en las que alguien me dio un discurso de ánimo e inevitablemente en algún momento dijo: "Dios no te da más de lo que puedes manejar". ¡Oh, cuánto deseaba que eso fuera cierto! Yo estaba enfrentando algo difícil y tenía que escuchar ese cliché que se supone que debía *animarme*. Era como si me dijeran que yo tenía lo que hay que tener para enfrentar una situación dada porque, en caso contrario, Dios no hubiera permitido que pasara por ella. Algunas veces me decían: "Dios les da las batallas más difíciles a sus soldados más fuertes".

Aparte de que eso no es cierto, el problema es que solo me hacía sentir peor. Si Dios cree que puedo con esto, ¿por qué estoy batallando? ¿Cree Dios que soy una soldado fuerte cuando en realidad me estoy desmoronando? No sé tú, pero yo no puedo manejar lo que la vida me ha lanzado. ¿Tal vez tú te sientes igual? Esta es la verdad: no puedes manejar todo sola.

¡Esta historia se repite a lo largo de toda la Biblia! Cuando leemos desde Génesis hasta Apocalipsis, vemos a personas intentándolo y fallando una y otra vez. Solo por medio de Jesús podemos enfrentar lo que llegue.

Cuando Jesús se estaba preparando para ir a la cruz, pasó una última noche enseñando a sus discípulos. La historia de la última cena está en los cuatro Evangelios, pero solamente Juan dedica cinco capítulos enteros a la conversación que tuvieron aquella noche. Y allí, en el aposento alto, cuando Jesús les dice a los discípulos que se marcha, dice algo profundo, aterrorizante e inimaginable: esto es por su bien porque Dios les enviará un Consolador, el Espíritu Santo. En otras traducciones, en Juan 14:16 Jesús llama al Espíritu Santo "Ayudador". Viene de la palabra griega *paraklétos*, que significa "llamar a alguien para que venga a ayudar". Tiene la connotación de "estar cerca, al lado". Este Ayudador no está lejos; no está sentado en el cielo gritando sugerencias y buenos consejos desde arriba. No, el Espíritu Santo no solo está cerca de nosotras... ¡está *en* nosotras!

A lo largo de toda esta conversación, Jesús les recuerda a sus discípulos una y otra vez que el Espíritu Santo vendrá para ayudarlos... y a nosotras también. El Espíritu Santo dice la verdad, nos enseña y nos ayuda a recordar lo que hemos aprendido. El Espíritu Santo nos guía, nos convence de pecado y nos recuerda quién es Jesús. El Espíritu Santo nos guía a la justicia, nos juzga y nos declara la Palabra de Dios.

Cuando la vida no tiene sentido, cuando tengo preguntas o cuando siento que no puedo más, Él está a mi lado, dándome lo que necesito para seguir adelante, recordándome la verdad, guiándome mientras atravieso el desierto y dándome convicción en las áreas en las que sigo confiando en mí misma en lugar de confiar en Él.

PARA PENSAR

¡No tienes por qué enfrentar la vida sola porque *no* estás sola! Tienes al Espíritu Santo dentro de ti. El Espíritu que se movía sobre el caos antes de que el mundo fuera creado, el Espíritu que separó las aguas del Mar Rojo, el Espíritu que levantó a Jesús de los muertos, el Espíritu que estaba en Juan cuando escribió las palabras que hemos estudiado hoy... este mismo Espíritu vive en ti y en mí, en tu pastor, y en todos los que declaran que Jesús es su Salvador. Él está ahí para ayudarte a enfrentar lo que está por llegar.

MÁS VERSÍCULOS PARA ESTUDIAR U ORAR

Juan 15:18-27; 16:7-15

VERSÍCULO DEL DÍA

Y yo rogaré al Padre, y os dará otro Consolador, para que esté con vosotros para siempre: el Espíritu de verdad, al cual el mundo no puede recibir, porque no le ve, ni le conoce; pero vosotros le conocéis, porque mora con vosotros, y estará en vosotros. —Juan 14:16-17

ORACIÓN

Espíritu Santo, gracias por tu presencia a mi lado. No puedo con lo que tengo por delante, pero sé que tú sí puedes. Por favor, enséñame y guíame a través de tu Palabra. Por favor, permite que escuche la verdad y no me deje llevar por las mentiras del mundo. Dame la fuerza para seguir adelante incluso cuando no puedo ver el camino. Muéstrame el pecado que ata mis pies para poder sacudirme la carne y depender más de ti.

PIENSA

ORA

_____

_____

_____

ALABA

_____

_____

_____

PENDIENTES   LISTA DE ORACIÓN

_____   _____

_____   _____

_____   _____

PREGUNTAS PARA UNA REFLEXIÓN
MÁS PROFUNDA

1. ¿De qué maneras has visto que el Espíritu Santo te ha sostenido, guiado, enseñado o mostrado la verdad en una situación que parecía abrumadora?

_____

_____

_____

2. ¿Cuál de estos roles del Espíritu Santo te produce consuelo en tu situación actual?

_____

_____

_____

Día 7

DIOS FIELMENTE DA PAZ

Por nada estéis afanosos, sino sean conocidas vuestras
peticiones delante de Dios en toda oración y ruego,
con acción de gracias. Y la paz de Dios, que sobrepasa
todo entendimiento, guardará vuestros corazones y
vuestros pensamientos en Cristo Jesús.
—Filipenses 4:6-7

Yo tiendo a hacer montañas de los granos de arena. Cuando enfrento una situación difícil, mi mente inmediatamente quiere recorrer todos los escenarios posibles. *¿Y si esto? ¿Y si lo otro?* Y mi paz se desvanece. Una de mis mentoras, Rosalie, me dijo una vez: "No le abras la puerta del establo al caballo de los y si… es difícil volver a meterlo dentro". Ella tiene razón. Es difícil mantener la paz cuando nuestra mente está yendo demasiado rápido.

Yo creo que *paz* es una de esas palabras que parecen arbitrarias o difíciles de definir. La consideramos tranquilidad o llevarse bien; declaramos: "¡Lo único que quiero es paz mundial!". Sin embargo, la paz de la que nos habla la Escritura es mucho más que eso.

Los versículos de la Biblia que hablan sobre la paz son incontables. Creo que los versículos por excelencia cuando enfrentamos dificultades o una temporada de desierto, son los que están en Filipenses 4. Decimos: "Ora por ello. Entrégaselo a Dios y recibirás la paz que sobrepasa todo entendimiento". Pero creo que muchas veces seguimos sin *sentir* paz. La paz es una promesa, así que *sí* es posible tenerla independientemente de la tormenta que enfrentemos. Es posible tener paz *en medio* del caos, las dificultades y el agotamiento. Entonces, ¿cómo experimentamos la paz de la que habla Pablo en el versículo del día de hoy? Tenemos que alejar nuestra mente de nuestros problemas y pensar, en cambio, en las cosas de Dios.

Por lo demás, hermanos, todo lo que es verdadero, todo lo honesto, todo lo justo, todo lo puro, todo lo amable, todo lo que es de buen nombre; si hay virtud alguna, si algo digno de alabanza, en esto pensad. Lo que aprendisteis y recibisteis y oísteis y visteis en mí, esto haced; y el Dios de paz estará con vosotros.
—Filipenses 4:8-9

Nuestra mente es un campo de batalla, y Satanás aprovecha todas las oportunidades para sembrar el caos en nuestros pensamientos, tentarnos continuamente a pensar que lo que tenemos no es suficiente, que nuestra situación no tiene esperanza o que la paz es una mentira. No olvidemos que el Dios de paz está con nosotras. Su paz ya vive en nuestro interior. Debemos cambiar nuestra forma de pensar y mantener nuestras mentes firmes y enfocadas en nuestro Dios, que es digno de confianza.

Al de carácter firme lo guardarás en perfecta paz, porque en ti confía. Confíen en el Señor para siempre, porque el Señor, el Señor mismo, es la Roca eterna.   —Isaías 26:3-4 (NVI)

Este versículo es mi *espada de la verdad*, y lo utilizo para reenfocar mi mente cuando mis pensamientos comienzan a divagar. Hay algo que nos perdemos en la traducción al español de este versículo: "perfecta paz", que en hebreo es *shalom shalom*. Este uso repetido de la palabra añade énfasis y señala que algo está completado. El concepto hebreo de paz es mucho más que un estado de tranquilidad y calma. Una mejor descripción de *Shalom* sería "solidez, estar completo". Significa "entero" o "sin dudas"; por lo tanto, el uso repetido de *shalom* aquí significa que nuestra confianza o fe en Dios nos permite estar completas, sin ninguna duda. Experimentamos paz cuando nuestra mente está completamente enfocada en Dios, no en nuestras circunstancias, y somos firmes en mantenerla así. Debemos arraigar nuestra fe y nuestro enfoque en nuestro Dios de paz.

PARA PENSAR

¿Es posible tener paz en medio del caos de la vida y la maternidad? La respuesta es sí. Como señala mi amiga Brooke McGlothlin tan conmovedoramente en su libro *Oraciones diarias para recibir paz:*[5] "Jesús mismo *es* nuestra paz".

Justificados, pues, por la fe, tenemos paz para con Dios por medio de nuestro Señor Jesucristo. —Romanos 5:1

Antes de poder experimentar la paz *de* Dios debemos tener paz *con* Dios. Todos somos pecadores y estamos separados de Dios, pero a través de Jesús y nuestra confesión de fe en Él, ya no estamos en guerra con Dios. Ya no somos sus enemigos. Él nos acerca a sí mismo, y Jesús es nuestra paz. Gracias a eso, también podemos experimentar la paz *de* Dios.

Cuando Jesús estaba preparando a sus discípulos para su arresto y crucifixión, les dijo:

La paz os dejo, mi paz os doy; yo no os la doy como el mundo la da. No se turbe vuestro corazón, ni tenga miedo. —Juan 14:27

La paz que experimentamos está arraigada en la obra terminada de la cruz. No debemos preocuparnos ni tener miedo. No debemos tener dudas en nuestro corazón y en nuestra mente. No debemos preocuparnos por lo que llegará, ya sean tormentas o juicio. Estamos completas porque tenemos a Jesús. Podemos estar totalmente en paz porque Dios, en su fidelidad, nos restauró.

MÁS VERSÍCULOS PARA ESTUDIAR U ORAR

Isaías 26; Juan 14:7; Romanos 5:1

---

5. Brooke McGlothlin, *Oraciones diarias para recibir paz* (New Kensington, PA: Whitaker House, 2024).

VERSÍCULO DEL DÍA

Por nada estéis afanosos, sino sean conocidas vuestras peticiones delante de Dios en toda oración y ruego, con acción de gracias. Y la paz de Dios, que sobrepasa todo entendimiento, guardará vuestros corazones y vuestros pensamientos en Cristo Jesús. —Filipenses 4:6-7

ORACIÓN

Jesús, gracias por ser nuestra paz. Sin ti es imposible tener paz, pero gracias a tu Espíritu Santo en mí, sé que puedo tener paz completa sin importar lo que esté enfrentando. Por favor, ayúdame a pensar en cosas verdaderas, honorables, justas, puras, agradables, ejemplares, excelentes y dignas de alabanza. Ayúdame a mantenerme firme, completa y con la mirada firmemente puesta en ti, que eres mi Roca firme eterna.

PIENSA

_____

_____

_____

ORA

_____

_____

_____

ALABA

_____

_____

_____

PENDIENTES   LISTA DE ORACIÓN

_____   _____

_____   _____

_____   _____

PREGUNTAS PARA UNA REFLEXIÓN MÁS PROFUNDA

1. ¿En qué áreas sientes que tu corazón y tu mente están llenos de dudas y no tienes paz?

_____

_____

2. ¿Cuándo has experimentado la paz inexplicable de Dios ante circunstancias difíciles del pasado? ¿En qué sentido te ayuda eso a mantenerte firme ahora en tu confianza y fe en el Dios de paz?

_____

_____

_____

Día 8

DIOS ES FIEL EN
EL SUFRIMIENTO

Estas cosas os he hablado para que en mí tengáis paz.
En el mundo tendréis aflicción; pero confiad,
yo he vencido al mundo.
—Juan 16:33

No sé de dónde hemos sacado la idea de que decirle *sí* a Jesús significaba que todo fuera fácil, estar cómodas, tener una buena vida e incluso hasta algo de riqueza. A menudo, cuando llegan las dificultades las vemos como un castigo. Cuando una maestra fiel de escuela dominical es diagnosticada con cáncer, o muere un poderoso misionero, o un líder de alabanza lleno del Espíritu se enfrenta a una crisis de salud, decimos: "¿Por qué permitió Dios que muriera? ¿Por qué permite que pase por esta situación? Hicieron mucho bien en el nombre de Dios". Sin embargo, la idea de que nuestra fe nos aísla de todo mal no está en la Escritura. Por el contrario, la Biblia está llena de historias de personas que enfrentaron dificultades: hambruna, encarcelamiento, acusaciones, desiertos, esterilidad, traición, problemas de salud y persecución, por nombrar algunos. No hay ni una sola historia en la Biblia en la que alguien diga: "Dios, te seguiré", y todo vaya bien durante el resto de su vida.

Cuando comencé a leer la Biblia buscando las promesas de Dios, me sorprendí un poco al aprender que la promesa no es la de tener una buena vida, sino la de enfrentar sufrimiento, tribulación y momentos difíciles.

Juan 16:33 era el versículo de vida de mi amiga Lynda. Siempre se lo apropiaba orgullosa y lo usaba a menudo para animar a sus amigos. Para ella, las palabras de Jesús no eran solo tópicos para hacernos sentir mejor cuando las cosas no van como queremos; expresaban una convicción profunda. Dios había demostrado su fidelidad durante los tiempos difíciles una y otra vez a lo largo de su vida. Ella falleció el 12 de septiembre de 2021 y este versículo es su legado. Todavía recuerdo ver cómo aumentaba la confianza en su interior cuando se preparaba para citar este versículo a otra amiga que estaba sufriendo. Y siempre terminaba con: "¿Sabías que este es mi versículo de vida?". Y nosotras nos reíamos porque todo el mundo lo sabía.

Creo que el contexto de este versículo, sin embargo, es lo que le da peso a la esperanza que revela. Son las últimas palabras registradas de Jesús a los discípulos antes de orar al Padre anticipando lo que estaba por ocurrir. Juan 13–17 contiene lo que se conoce como el discurso del aposento alto. Jesús lavó los pies de sus discípulos, anunció la traición de Judas y la negación de Pedro, compartió con ellos la cena de la Pascua, y ahora comienza diciéndoles algo aterrador: Él se va. Exploramos esta escena juntas en el Día 6 cuando aprendimos acerca de la promesa del Espíritu Santo, pero ahora quiero enfocarme en algo diferente.

Muchas veces pienso en la angustia que tuvieron que sentir los discípulos y cuán difícil tuvo que ser saber que todo lo que pensaban que iba a ocurrir estaba equivocado. Recientemente escuché a un pastor enseñar acerca de este pasaje, y él resaltó un punto muy importante que yo nunca antes había considerado: la angustia de Jesús. Cuando Jesús estaba pronunciando estas palabras a sus once amigos más cercanos, sabía qué futuro les esperaba a todos ellos. Jesús, siendo Dios, es omnisciente, lo cual significa que lo sabe todo. Jesús sabía que diez de esos hombres iban a sufrir muertes horribles por causa de su fe en Él. Iban a ser mártires. Jesús estaba mirando a los ojos a unos hombres que iban a cambiar el mundo, sí, pero por ello iban a tener que pagar el precio más alto. Él sabía que Juan pasaría sus últimos días exiliado en la isla de Patmos. Sabía que sus vidas iban a estar marcadas por el sufrimiento, así que les deja con esperanza.

PARA PENSAR

Jesús les dice a los discípulos lo que va a ocurrir para que, cuando ocurra, no sean tentados a huir. Jesús les asegura que no serían abandonados como huérfanos, sino que tendrían al Espíritu Santo para guiarlos. Dice: *Aunque vosotros estéis tristes, vuestra tristeza se convertirá en gozo* (Juan 16:20). Dijo estas cosas para que ellos pudieran tener paz. Paz significa paz en la mente, tranquilidad y descanso, pero para el pueblo judío también implicaba estar completo. Es posible tener paz incluso en medio de la tormenta porque Jesús venció al mundo. Él tiene la victoria.

Por lo tanto, cobra ánimo, hermana. Avanza con valentía. No dejes que te sorprendan las dificultades, las pruebas, la tribulación o el sufrimiento. No te hundas en la desesperación. Él es fiel incluso en medio del sufrimiento. Puedes tener paz porque Jesús ha vencido.

MÁS VERSÍCULOS PARA ESTUDIAR U ORAR

2 Corintios 12:6-10

VERSÍCULO DEL DÍA

Estas cosas os he hablado para que en mí tengáis paz. En el mundo tendréis aflicción; pero confiad, yo he vencido al mundo. —Juan 16:33

ORACIÓN

Jesús, gracias por la paz que está disponible para todos, incluso en medio de nuestro sufrimiento. Sé que tendré dificultades en este mundo. No permitas que me desespere o cuestione tu fidelidad. Ayúdame a recordar que aunque en este mundo tenga aflicción, puedo tener paz y valentía porque tú has vencido al mundo. ¡Tú eres el que tiene la victoria!

PIENSA

ORA

ALABA

PENDIENTES

LISTA DE ORACIÓN

PREGUNTAS PARA UNA REFLEXIÓN MÁS PROFUNDA

1. Piensa en un momento en el que atravesaste dificultades. Saber que Jesús ha vencido ¿cómo te ayuda a tener la paz y la valentía para avanzar?

_____

_____

_____

2. ¿En qué situaciones el sufrimiento te ha acercado más a Dios?

_____

_____

_____

Día 9

DIOS ES FIEL PARA USAR NUESTRO SUFRIMIENTO

Y no solo esto, sino que también nos gloriamos en las tribulaciones, sabiendo que la tribulación produce paciencia; y la paciencia, prueba; y la prueba, esperanza; y la esperanza no avergüenza; porque el amor de Dios ha sido derramado en nuestros corazones por el Espíritu Santo que nos fue dado.
—Romanos 5:3-5

Siempre me he inclinado más hacia lo positivo. De hecho, es una de mis fortalezas. Casi siempre puedo encontrar el lado bueno de las cosas, una buena explicación o una forma de escapar del dolor y las dificultades. Se me daba muy bien hasta que mi marido Kris se puso enfermo. No hay manera de escapar de la enfermedad crónica. Era la primera vez que había tenido que sentarme con mi dolor, y lo odié.

Quería saber por qué. ¿Por qué Dios estaba permitiendo eso? ¿Por qué pensaba Él que era una buena idea? Yo sabía "que a los que aman a Dios, todas las cosas les ayudan a bien" (Romanos 8:28). Bla, bla, bla... (lo digo dirigiendo mi mirada hacia arriba y meneando mi cabeza). Pero estaba *cansada*, estresada, y tenía que llevar la carga de mi familia... ¿ya he dicho que estaba cansada? Quería ir al grano, aprender la lección y regresar a mi vida cómoda y feliz. Pero estaba atascada.

Y entonces mi amiga Stacy me envió el versículo de hoy.

Yo no tenía ningún sentimiento de gozo por mis circunstancias actuales, y no podía imaginar regocijarme por estar atravesando esa situación. Quería saber por qué, pero Dios me enseñó a hacer otra pregunta: *¿Cómo? ¿Cómo estás usando esto?* Esta idea de que el sufrimiento tiene un propósito en nuestra vida se encuentra en muchos lugares en la Escritura. Nos señala el hecho de que el sufrimiento produce la habilidad para permanecer, ser firmes y ser pacientes. Dios usa nuestro sufrimiento para ayudarnos a crecer firmemente en nuestra fe. A menudo pensamos que las dificultades hacen que nuestra fe se tambalee, pero de hecho, la hace más fuerte.

Santiago comparte una verdad similar:

> *Hermanos míos, tened por sumo gozo cuando os halléis en diversas pruebas, sabiendo que la prueba de vuestra fe produce paciencia. Mas tenga la paciencia su obra completa, para que seáis perfectos y cabales, sin que os falte cosa alguna.*
>
> —Santiago 1:2-4

La palabra griega para *paciencia* significa "permanecer bajo algo". Todos esos años de escapar del dolor no me ayudaron a crecer en paciencia y perseverancia en mi fe. Yo no dejé que "la paciencia [tenga] su obra completa" y, como resultado, mi fe era débil. Cuando llegó la tormenta más grande, comencé a desmoronarme; esta vez no podía apartarme de ella. Dios usó ese tiempo para apuntalar mi fe, para profundizar mis raíces en Él y que pudiera ser más paciente, permaneciendo en medio de las demás pruebas que han llegado a nuestras vidas.

PARA PENSAR

Cuando crecemos en perseverancia, también crecemos en carácter. Pedro lo afirma así:

> *En lo cual vosotros os alegráis, aunque ahora por un poco de tiempo, si es necesario, tengáis que ser afligidos en diversas pruebas, para que sometida a prueba vuestra fe, mucho más preciosa*

que el oro, el cual aunque perecedero se prueba con fuego, sea hallada en alabanza, gloria y honra cuando sea manifestado Jesucristo. —1 Pedro 1:6-7

Las pruebas tienen la capacidad de refinarnos, eliminando las impurezas de nuestras vidas. Oh, ¡podría escribir un libro entero acerca de este proceso! Debemos dejar que nuestras dificultades nos ayuden a reconocer nuestros ídolos: las cosas a las que acudimos en lugar de acudir a Dios buscando consuelo, control o confirmación. Debemos trabajar juntamente con Dios en estas pruebas, y dejar que el fuego de la dificultad nos lleve de nuevo a Aquel que es todo lo que necesitamos. Es entonces cuando recibimos esperanza. Nuestra fe, nuestra confianza en Dios, crece cuando permanecemos firmes en las pruebas y permitimos que Dios defina nuestro carácter a través de ellas. El resultado será una fe, una confianza y una esperanza que no fallarán.

Puede que nunca sepamos el *porqué*, pero podemos confiar en que Dios es fiel para usar el sufrimiento de nuestras vidas para bien. El resultado será una confianza más sólida y estable en que Dios es quien dice que es y hace lo que dice que hará.

MÁS VERSÍCULOS PARA ESTUDIAR U ORAR

Romanos 8:28; Santiago 1:2-4; 1 Pedro 1:3-9

VERSÍCULO DEL DÍA

Y no solo esto, sino que también nos gloriamos en las tribulaciones, sabiendo que la tribulación produce paciencia; y la paciencia, prueba; y la prueba, esperanza; y la esperanza no avergüenza; porque el amor de Dios ha sido derramado en nuestros corazones por el Espíritu Santo que nos fue dado. —Romanos 5:3-5

ORACIÓN

Señor, este mundo trae consigo dolor, dificultades y sufrimiento, pero tú eres el Dios que es fiel para usar estas pruebas de fuego para nuestro bien. Permíteme ver cómo estás usando eso incluso cuando no entiendo el porqué. Haz crecer en mí la perseverancia y la paciencia. Revélame los ídolos que tengo que desechar para poder ser refinada. Y, sobre todo, pongo toda mi fe, mi confianza completa y toda mi esperanza en ti. Gracias por no fallarme.

PIENSA

_____

_____

_____

ORA

_____

_____

_____

ALABA

_____

_____

_____

PENDIENTES   LISTA DE ORACIÓN

_____   _____

_____   _____

_____   _____

PREGUNTAS PARA UNA REFLEXIÓN MÁS PROFUNDA

1. ¿De qué manera has visto que Dios produjo paciencia, trató tu carácter y produjo esperanza en tu vida a través de las pruebas?

   _____

   _____

   _____

2. ¿Qué prueba estás atravesando en este momento? ¿Cómo puedes dejar tu deseo de conocer el motivo y, en cambio, buscar cómo Dios está usando esa situación?

   _____

   _____

   _____

Día 10

DIOS FIELMENTE TE CUIDA

Jehová es mi pastor; nada me faltará. En lugares de delicados pastos me hará descansar; junto a aguas de reposo me pastoreará. Confortará mi alma; me guiará por sendas de justicia por amor de su nombre.
—Salmos 23:1-3

La ansiedad es cada vez más común. Seguramente esto no te agarra por sorpresa. Parece que cada día nos llega una estadística nueva que muestra aumentos en muchas edades diferentes; desde niños a adultos y pasando por los adolescentes. Yo puedo sentirla en mi propia vida. Hay días en los que tengo un nudo en el estómago que no puedo explicar. Me siento irritada, insegura, nerviosa y preocupada. Algunos días hay problemas reales a los que tengo que enfrentarme, pero otros días no soy capaz de identificar la fuente de mi intranquilidad.

Sin embargo, así no es como Dios quiere que vivamos. Su intención no era que carguemos con ese peso. Pedro nos dice: *Depositen en él toda ansiedad, porque él cuida de ustedes* (1 Pedro 5:7, nvi). La palabra griega para *cuidar* se relaciona con la preocupación. Implica atención y preocupación por nosotros.

Dios te ve, se interesa por ti, se acerca a ti y desea ayudarte. La descripción de un pastor de antaño del Salmo 23 nos da una de las imágenes más increíbles de esta preocupación y cuidado en la

Escritura. David, que era pastor, nos da una imagen de las preciosas maneras en que nuestro Pastor cuida de nosotras.

Las ovejas necesitan un pastor para *todo*. No pueden encontrar pastos verdes o agua por sí mismas. Del mismo modo, nosotras no podemos hacer nada sin nuestro Pastor que está atento a nosotras y nos provee todo lo que necesitamos. Aunque esto sí incluye nuestras necesidades físicas, Él también provee para nuestras necesidades espirituales. Nuestro buen Pastor tiene todo lo que necesitamos para la vida. Los verdes pastos hacen referencia a seguridad, descanso y sustento. Las aguas de reposo hacen referencia al descanso.

Con Dios, tu alma puede descansar. Incluso cuando andes por valles oscuros, Él está contigo. Su cuidado no cesa. Cuando pasas por momentos difíciles, Él sigue cuidando de ti, guiándote y manteniendo a raya al enemigo.

PARA PENSAR

Fíjate que en todos estos ejemplos de Salmos 23:1-3 es Dios el que emprende la acción. No nos estamos guiando o dirigiendo a nosotras mismas. Nosotras no somos las encargadas de nuestra propia restauración. Nuestro Pastor, que es fiel y cuida de nosotras, es el que provee. Nuestro buen Pastor es el que nos guía y nos dirige. Él es quien restaura, y su presencia nos da paz y consuelo. Él es la fuente de todo. Nosotras, como las ovejas, no podemos tener todo eso en nuestras propias fuerzas.

Pero hay una advertencia. Nuestro buen Pastor no es un genio cósmico que reparte cosas buenas a todos aquellos que frotan una lámpara mágica de la manera correcta. Las ovejas deben someterse a su autoridad. La metáfora en la Escritura hace referencia también al señorío, no solo al cuidado. Jesús es nuestro Pastor *y* nuestro Rey. Jesús es, para todos aquellos de nosotros que lo escuchamos y lo seguimos, "el buen pastor [quien] su vida da por las ovejas" (Juan 10:11).

Cuando seas tentada a creer que Dios se ha olvidado de ti, que a Él no le importa lo que te ocurra o que no le preocupa tu vida, recuerda a tu buen Pastor. Escucha su voz. Recuerda la promesa de su cuidado y su preocupación por ti. Puedes seguirlo, sabiendo que puedes encontrar todo lo que necesites en tu Pastor, que es fiel y cuida de ti. Como David, te aferrarás a esta verdad:

Seguro estoy de que la bondad y el amor me seguirán todos los días de mi vida; y en la casa del Señor habitaré para siempre.

—Salmos 23:6 (NVI)

MÁS VERSÍCULOS PARA ESTUDIAR U ORAR

Ezequiel 34:30-31; Juan 10:1-18; 1 Pedro 5:7

VERSÍCULO DEL DÍA

Jehová es mi pastor; nada me faltará. En lugares de delicados pastos me hará descansar; junto a aguas de reposo me pastoreará. Confortará mi alma; me guiará por sendas de justicia por amor de su nombre.   —Salmos 23:1-3

ORACIÓN

Señor, tú eres el buen Pastor. Sé que en ti tengo todo lo que necesito. Incluso cuando pase por momentos difíciles, tú estás conmigo. Gracias por ser fiel en cuidarme. Cuando te cuestione, llena de temor, ayúdame a recordar que tú estás a mi lado guiándome, proveyendo para mis necesidades y restaurándome. Ayúdame a escuchar tu voz y a seguirte en sumisión mientras me guías por sendas de justicia. Que todo dé gloria a tu gran nombre.

PIENSA

ORA

_____

_____

_____

ALABA

_____

_____

_____

PENDIENTES   LISTA DE ORACIÓN

_____   _____

_____   _____

_____   _____

PREGUNTAS PARA UNA REFLEXIÓN MÁS PROFUNDA

1. ¿Cómo has visto que Dios fue fiel en cuidarte durante una temporada difícil de tu vida?

_____

_____

2. ¿En qué áreas de tu vida te cuesta someterte al liderazgo de tu Pastor y Rey?

_____

_____

_____

DIOS FIELMENTE
TE GUARDA

Mis ovejas oyen mi voz, y yo las conozco, y me siguen, y yo les doy vida eterna; y no perecerán jamás, ni nadie las arrebatará de mi mano. Mi Padre que me las dio, es mayor que todos, y nadie las puede arrebatar de la mano de mi Padre.
—Juan 10:27-29

Uno de mis hijos lo guarda todo y nunca tira nada. Este niño lo guarda *todo*: todos los juguetes, todos los peluches, todos los dibujos, pequeños pedazos de papel con garabatos y hasta las etiquetas de la ropa. Cuando llega el momento de limpiar el cuarto de dicho niño, suele haber lágrimas por perder esos *tesoros*. Para él, todo es precioso.

De igual modo, Dios guarda y cuida fielmente a aquellos que están en Él. Tú eres preciosa para Dios.

Ayer vimos a Dios como nuestro Pastor y Rey, pero uno de los aspectos de nuestro Pastor del que no hablamos es que Él no pierde ninguna oveja. Nos lo promete en la lectura de hoy.

El enemigo quiere que creas que aún existe separación entre tú y Dios. Él viene como un ladrón, buscando robar, matar y destruir (ver Juan 10:10). Quiere engañarte para que te alejes de tu buen Pastor, pero no puede hacerlo. Satanás te mentirá diciéndote que tu pecado es demasiado grande; intentará hacerte creer que Dios te rechazará. Intentará matar tu pasión por Dios, robar tu gozo en todas las circunstancias y destruir tu esperanza, pero recuerda esto: tu Dios te guarda fielmente.

¿Quién nos separará del amor de Cristo? ¿Tribulación, o angustia, o persecución, o hambre, o desnudez, o peligro, o espada?... Antes, en todas estas cosas somos más que vencedores por medio de aquel que nos amó. Por lo cual estoy seguro de que ni la muerte, ni la vida, ni ángeles, ni principados, ni potestades, ni lo presente, ni lo por venir, ni lo alto, ni lo profundo, ni ninguna otra cosa creada nos podrá separar del amor de Dios, que es en Cristo Jesús Señor nuestro. —Romanos 8:35, 37-39

Nada. No hay absolutamente nada que pueda separarte del Dios que fielmente te guarda. Sea lo que sea que estés enfrentando (dificultades, persecución, escasez o peligro), nada puede separarte de tu buen Pastor. Nadie puede arrebatarte de su mano, ni ahora ni en el futuro. No hay nada demasiado alto, demasiado bajo, ni nada creado que pueda separarte del Dios que te guarda.

PARA PENSAR

¿Recuerdas la verdad acerca de las ovejas? Tienden a extraviarse. No pueden encontrar lo que necesitan por sí mismas. Como ovejas de Dios, somos llamadas a seguirlo y someternos. Judas nos da este mandamiento:

*Pero vosotros, amados, edificándoos sobre vuestra santísima fe, orando en el Espíritu Santo, **conservaos en el amor de Dios**, esperando la misericordia de nuestro Señor Jesucristo para vida eterna.* —Judas 1:20-21

Permanece en el amor de Dios. No te apartes de tu Pastor y Rey. Sé que este mundo trae consigo dolor y dudas. Muchos días anhelo que Él regrese y termine lo que comenzó, pero mientras esperamos, no descuidemos nuestra fe. Sigamos creciendo en nuestra fe y en nuestra confianza en nuestro Salvador, sabiendo que Él nos guarda. El día del Señor llegará. Esperemos con paciencia en el Señor, ya que nada puede separarnos de Él y nadie puede arrebatarnos de su mano. Podemos permanecer en el amor de Dios porque Él fielmente nos guarda.

MÁS VERSÍCULOS PARA ESTUDIAR U ORAR

Juan 6:36-40; Romanos 8:35-39; Judas 1:20-21

VERSÍCULO DEL DÍA

Mis ovejas oyen mi voz, y yo las conozco, y me siguen, y yo les doy vida eterna; y no perecerán jamás, ni nadie las arrebatará de mi mano. Mi Padre que me las dio, es mayor que todos, y nadie las puede arrebatar de la mano de mi Padre. —Juan 10:27-29

ORACIÓN

Padre bueno, tú me cuidas y me guardas. No me apartaré de ti hoy, independientemente de lo que enfrente. Tu prioridad es guardarme, y estoy segura en tus manos. Ayúdame a seguir edificando mi fe más santa en ti, orando a diario y permaneciendo en tu amor firme mientras espero con paciencia el día que tú regreses por nosotros.

PIENSA

_____

_____

_____

ORA

_____

_____

ALABA

PENDIENTES   LISTA DE ORACIÓN

PREGUNTAS PARA UNA REFLEXIÓN MÁS PROFUNDA

1. ¿En qué circunstancias te cuesta creer que Cristo te guarda?

2. ¿De qué maneras has visto al enemigo intentar robar, matar y destruir? Describe cómo te consuela saber que no puedes ser arrebatada de la mano de tu buen Pastor.

Día 12

DIOS ES FIEL PARA DAR MISERICORDIA

Esto recapacitaré en mi corazón, por lo tanto esperaré.
Por la misericordia de Jehová no hemos sido consumidos,
porque nunca decayeron sus misericordias. Nuevas son cada
mañana; grande es tu fidelidad. Mi porción es Jehová, dijo mi
alma; por tanto, en él esperaré.
—Lamentaciones 3:21-24

Soy un intento de jardinera. Me encanta la idea de plantar flores y hacer crecer cosas verdes y preciosas. En ocasiones, ese deseo se vuelve especialmente intenso y es entonces cuando voy a dar vueltas por la sección de jardinería de la tienda de bricolaje. Mi amiga Natalie, que es una verdadera jardinera, me habló de la sección de rebajas en la que las plantas que están casi muertas esperan en las estanterías con la última esperanza de ser rescatadas. Un día, confiando en mis habilidades para darle una nueva vida a una planta, compré un arbusto en flor por solo un dólar. Lo llevé a casa y le di un lugar en la jardinera que está junto a la entrada para el auto.

El arbusto casi muerto, sin hacer yo nada, no solo revivió, sino que comenzó a crecer cuando estuvo fuera de su maceta y arraigado en la tierra donde podía disfrutar de la luz del sol y agua en abundancia por cortesía de las lluvias de verano en la Florida. Pronto comenzó a florecer. Este arbusto en concreto tenía flores moradas y blancas, pero para mí lo más interesante era que cada mañana florecía y cada noche las flores se caían. A la mañana siguiente, al sacar el auto, me recibía con nuevas flores moradas y blancas. La verdad es que no sé cuál es el nombre real de esta planta, pero yo decía que era mi "mi nueva misericordia de cada mañana". Todos los días cuando me marchaba de la casa me recordaba que las misericordias de Dios están ahí esperándome: el morado representa la realeza y el blanco la pureza.

Lamentaciones es un libro de lamentos. Está escrito específicamente para lamentar la caída de Judá ante los babilonios, pero los temas se pueden aplicar a las situaciones difíciles de nuestras vidas hoy. Al leer el tercer capítulo, podemos percibir la profundidad del dolor:

Yo soy el hombre que ha visto aflicción bajo el látigo de su enojo. Me guio y me llevó en tinieblas, y no en luz; ciertamente contra mí volvió y revolvió su mano todo el día. Hizo envejecer mi carne y mi piel; quebrantó mis huesos; edificó baluartes contra mí, y me rodeó de amargura y de trabajo. Me dejó en oscuridad, como los ya muertos de mucho tiempo. —Lamentaciones 3:1-6

Sufriendo bajo el enojo. En tinieblas. Envejeciendo. Quebrantada. Atacada. Rodeada. La situación parece sombría. Y, sin embargo, en el centro de este libro de lamentación y clamor, en la lectura de hoy encontramos Luz.

El amor de Dios nunca cesa y su misericordia nunca se acaba. Son nuevas cada mañana. Él es fiel. Cada mañana cuando despertamos, su misericordia nos está esperando como me esperaban a mí mis flores moradas y blancas. Pero, a diferencia de mis flores que se caían cada noche, su misericordia siempre está ahí porque Él es misericordioso. No podemos gastar su misericordia porque no se acaba. *De mañana sacará a luz su juicio, nunca faltará* (Sofonías 3:5).

PARA PENSAR

Muchas veces me he preguntado por qué el autor de Lamentaciones dice que la misericordia de Dios nunca se acaba si también dice que es nueva cada mañana. ¿Acaso no implica eso que durante el día gastamos su misericordia, la cual se recarga durante la noche? Creo que utiliza esta metáfora porque cuando despiertas, antes de haber pecado, antes de necesitarla, su misericordia ya te está esperando. Ya estás bajo sus efectos y siempre lo estarás.

A menudo definimos *misericordia* como "no recibir lo que merecemos". La palabra clave para esto es *paciencia*. Su misericordia es grande, pero deberíamos reconocer nuestra necesidad de misericordia. Merecemos estar bajo la ira, en la oscuridad, consumidos y quebrantados. Pero Jesús intervino e intercedió a nuestro favor. Él sabía que no teníamos esperanza, y gracias a su amor eterno, firme y fiel, vino para cargar con nuestro pecado y que así pudiéramos experimentar su misericordia. Tengo esperanza porque Dios es fielmente misericordioso.

MÁS VERSÍCULOS PARA ESTUDIAR U ORAR

Éxodo 34:1-9; Sofonías 3:5

VERSÍCULO DEL DÍA

Esto recapacitaré en mi corazón, por lo tanto esperaré. Por la misericordia de Jehová no hemos sido consumidos, porque nunca decayeron sus misericordias. Nuevas son cada mañana; grande es tu fidelidad. Mi porción es Jehová, dijo mi alma; por tanto, en él esperaré. —Lamentaciones 3:21-24

ORACIÓN

Señor, no merezco tu misericordia, pero cada mañana está ahí esperándome. Eres fiel en tu misericordia porque *eres* misericordia. Que pueda acordarme de esto cada mañana y me aferre a la esperanza que tengo en ti. Gracias por tu gran fidelidad que nunca se acaba.

PIENSA

ORA

ALABA

PENDIENTES   LISTA DE ORACIÓN

PREGUNTAS PARA UNA REFLEXIÓN
MÁS PROFUNDA

1. ¿Cómo te ha dado esperanza la fiel misericordia de Dios?

2. La lectura de hoy de la Escritura ha sido un gran consuelo para mí cuando camino por tinieblas. Escribe los nombres de algunos amigos que están enfrentando dificultades y ora estos versículos sobre ellos.

_____

_____

_____

Día 13

DIOS FIELMENTE
NOS CONSUELA

Bendito sea el Dios y Padre de nuestro Señor Jesucristo,
Padre de misericordias y Dios de toda consolación, el cual nos
consuela en todas nuestras tribulaciones,
para que podamos también nosotros consolar a los que están en
cualquier tribulación, por medio de la consolación con
que nosotros somos consolados por Dios.
—2 Corintios 1:3-4

Hygge (se pronuncia *jiuga*) es una palabra danesa que significa comodidad y consuelo. Engloba el concepto de suavidad, contentamiento y bienestar. Dinamarca es conocida por sus inviernos largos y oscuros, y *hygge* produce una sensación de calidez y comodidad cuando las circunstancias exteriores son completamente contrarias. El elemento clave para vivir un estilo de vida *hygge* es el consuelo que produce la convivencia, juntarse con otras personas y compartir tiempo juntos, incluso en medio del frío invierno.

Aunque *hygge* no es un concepto bíblico, de alguna manera refleja el consuelo bíblico. En los primeros versículos de su segunda carta a la iglesia en Corinto, Pablo dice que Dios es el "Dios de toda consolación". De hecho, utiliza la palabra consuelo diez veces en los primeros seis versículos después de su saludo. La iglesia estaba enfrentando un gran sufrimiento y cuestionaba a Dios por ello. Estaban batallando con el concepto del sufrimiento a pesar de su fe en un Dios que creían que era bueno. Por eso, cuando Pablo comienza su carta reconoce su desesperación y la oscuridad a la que se enfrentan, y señala a Dios como su Consolador.

Pero ¿qué tipo de consuelo nos da Dios? Cuando pensamos en consuelo, pensamos en algo que aligera nuestra carga o nos hace sentir mejor en medio del dolor o de circunstancias difíciles. De hecho, la palabra griega que se utiliza aquí es *paraklésis*, un derivado de la misma palabra que se utiliza para describir al Espíritu Santo como nuestro ayudador. Si recuerdas, significa "llamar a alguien para que venga a ayudar" y viene de dos palabras que significan literalmente "estar cerca de". Su consuelo es su presencia. Él está "cercano [...] a los quebrantados de corazón; y salva a los contritos de espíritu" (Salmos 34:18) y bendice a "los que lloran, porque ellos recibirán consolación" (Mateo 5:4).

Ya hemos establecido que el sufrimiento es parte de nuestra vida aquí en la tierra. Tendremos que enfrentarnos a pruebas, tribulaciones y dificultades, pero igual que tenemos sufrimiento, también tenemos el consuelo de Dios. Y no es cualquier consuelo; ¡su consuelo es abundante!

Porque de la manera que abundan en nosotros las aflicciones de Cristo, así abunda también por el mismo Cristo nuestra consolación. —2 Corintios 1:5

El consuelo que Dios nos da es mucho más de lo que necesitamos. Su presencia nos brinda un consuelo abundante. Yo he visto cómo su presencia trae consuelo infinidad de veces en mi propia vida, y cuando alguien me pide que ore por determinadas situaciones, mi oración siempre incluye "que pueda ver tu presencia tangible". *Eso* es lo que produce contentamiento y bienestar cuando nos enfrentamos a una temporada difícil. *Eso* es lo que permite que nuestra esperanza no se mueva; el sufrimiento es una promesa, pero también lo es su consuelo (ver 2 Corintios 1:7).

PARA PENSAR

Hay un aspecto del consuelo *hygge* que ocurre en comunidad, y lo mismo se aplica al consuelo en la Iglesia. Parte del plan de Dios para nuestro consuelo durante las temporadas difíciles de la vida es que nosotros, como cuerpo de Cristo, nos juntemos y nos consolemos los unos a los otros. Pablo dice que hemos sido consolados "para que podamos también nosotros consolar a los que están en cualquier tribulación, por medio de la consolación con que nosotros somos consolados por Dios" (2 Corintios 1:4).

Como su consuelo es abundante, también podemos consolarnos los unos a los otros, sabiendo que el consuelo no se acabará. Debemos caminar al lado los unos de los otros. Al seguir caminando junto a mi familia por distintas crisis, el mayor regalo ha sido el de las personas que han estado con nosotros en esas dificultades. Se sientan con nosotros en nuestro sufrimiento sin ofrecer clichés o intentar buscar el lado positivo, sino simplemente diciendo: "Siento mucho que tengas que pasar por eso. Qué difícil".

MÁS VERSÍCULOS PARA ESTUDIAR U ORAR

Salmos 34; Mateo 5:4; 2 Tesalonicenses 2:16-17

VERSÍCULO DEL DÍA

Bendito sea el Dios y Padre de nuestro Señor Jesucristo, Padre de misericordias y Dios de toda consolación, el cual nos consuela en todas nuestras tribulaciones, para que podamos también nosotros consolar a los que están en cualquier tribulación, por medio de la consolación con que nosotros somos consolados por Dios.

—2 Corintios 1:3-4

ORACIÓN

Dios de consuelo, gracias por tu presencia conmigo en mi sufrimiento. Acudes en mi ayuda y te quedas cerca de mí;

no estás lejos y tu salvación está aquí. Mientras paso por el duelo y enfrento dificultades, necesito recordar que tu presencia conmigo es un consuelo abundante, aligerando el peso de la carga y dándome fortaleza y gozo. Dame ojos para ver a mis hermanos y hermanas en su sufrimiento también, y la fortaleza suficiente para sentarme con ellos extendiéndoles tu consuelo.

PIENSA

_____

_____

_____

ORA

_____

_____

_____

ALABA

_____

_____

_____

PENDIENTES

_____

_____

_____

LISTA DE ORACIÓN

_____

_____

_____

PREGUNTAS PARA UNA REFLEXIÓN MÁS PROFUNDA

1. ¿Qué te produjo consuelo cuando estabas pasando por una temporada difícil?

_____

_____

_____

2. Ora y pídele al Señor que te muestre quién necesita su consuelo. Escribe sus nombres aquí y acércate para que Su presencia esté con ellos.

_____

_____

_____

Día 14

DIOS ES FIELMENTE VICTORIOSO

Antes, en todas estas cosas somos más que vencedores por medio de aquel que nos amó.
—Romanos 8:37

Yo no era muy deportista de joven; ser buena en los deportes no era mi don. Como soy alta, la gente suele preguntarme si jugaba al voleibol o al básquet en la secundaria, y mi respuesta siempre es un "¡no!" enfático y con alguna risa. De hecho, siempre me escogían la última para los partidos por mis brazos y mis piernas larguiruchas y descoordinadas. Sabía que prácticamente siempre que jugara un deporte, perdería. La derrota era inevitable. Menos mal que no sucede lo mismo con nuestra fe. En Romanos 8:31-39 Pablo nos dice que, como cristianos, ¡somos victoriosos!

¿Qué, pues, diremos a esto? Si Dios es por nosotros, ¿quién contra nosotros? El que no escatimó ni a su propio Hijo, sino que lo entregó por todos nosotros, ¿cómo no nos dará también con él todas las cosas? ¿Quién acusará a los escogidos de Dios? Dios es el que justifica. ¿Quién es el que condenará? Cristo es el que murió; más aún, el que también resucitó, el que además está a la diestra de Dios, el que también intercede por nosotros… Antes, en todas estas cosas somos más que vencedores por medio de aquel que nos amó.
—Romanos 8:31-34, 37

Más que vencedores. No estamos hablando de un partido reñido. Nadie está mordiéndose las uñas por los nervios. Jesús no está haciendo un lanzamiento de última hora para encestar justo antes del pitazo final. La palabra griega usada aquí se deriva de dos palabras en este caso: *hyper,* que significa "abundancia" y *nikao,* que significa "victoria". Jesús ha ganado con una victoria abundante y arrolladora. Esto no es un concurso; es una gran fiesta.

Lo complicado del asunto es que nosotras estamos viviendo en el intermedio. La victoria ya ha sido ganada, pero aún no estamos viviendo en la eternidad. Este mundo sigue quebrado y lleno de dolor, y puede parecer que Satanás está ganando. Puede que en tu vida no *sientas* que tienes la victoria, pero su victoria es segura. Sabemos que Jesús está *sentado* a la derecha del Padre (ver Marcos 16:19). Esto indica que la obra ya ha sido hecha y la victoria ganada; no solo por un tiempo o hasta el partido del año que viene, sino por toda la eternidad.

Y como Dios está por nosotros y Cristo intercedió a nuestro favor, nosotros también hemos obtenido una victoria arrolladora. Podemos vencer gracias a nuestra fe en Él y en su victoria.

Porque todo lo que es nacido de Dios vence al mundo; y esta es la victoria que ha vencido al mundo, nuestra fe. ¿Quién es el que vence al mundo, sino el que cree que Jesús es el Hijo de Dios?
—1 Juan 5:4-5

La muerte ya no tiene la última palabra. El pecado no tiene la última palabra. La persecución no tiene la última palabra. La aflicción no tiene la última palabra. La enfermedad no tiene la última palabra. Nada ni nadie podrá arrebatar la victoria de Jesús. Él llevó nuestro castigo y nuestra vergüenza. Jesús fue condenado en nuestro lugar, y cuando salió de la tumba, su victoria y la nuestra fueron selladas para siempre. Podemos vencer al mundo por medio de la fe en nuestro Dios victorioso.

PARA PENSAR

Aunque no se me da bien el deporte, sí me gusta verlo. Siempre se puede saber cuál ha sido el equipo perdedor por la forma en que los jugadores salen de la cancha o el campo. Cabezas agachadas, hombros caídos. Cuando era un partido importante suele haber lágrimas, y los jugadores que han perdido esconden sus rostros entre las toallas. Pero el equipo ganador casi siempre sale corriendo de la cancha o el campo con la cabeza bien alta. Dan saltos estirando los brazos en victoria y chocándose los cinco los unos a los otros, animando a la multitud. Hay una diferencia entre la postura de derrota y la postura de victoria. No tenemos por qué caminar por la vida sintiéndonos desanimadas y derrotadas. Podemos ir por ahí gritando de alegría y con la cabeza bien alta porque Dios ha vencido. ¡Levantemos las manos en alabanza! Somos más que vencedoras. Y, como Dios tiene la victoria, nosotras podemos caminar con una postura de victoria también.

MÁS VERSÍCULOS PARA ESTUDIAR U ORAR

Juan 16:33; 1 Juan 4:1-5

VERSÍCULO DEL DÍA

Antes, en todas estas cosas somos más que vencedores por medio de aquel que nos amó. —Romanos 8:37

ORACIÓN

Señor, la victoria es tuya; y como estoy en ti, tú me has hecho más que vencedora. Mi fe en ti es lo que me permite tener la victoria mientras vivo en el intermedio. Gracias por darnos a Jesús que derrotó al pecado, se levantó en victoria, completó la obra y ahora está sentado a tu mano derecha. Aunque me tienta permitir que el mundo gane y caminar en una postura de derrota, recuérdame tu victoria sobre el mundo para que yo también pueda caminar en una postura de victoria.

PIENSA

ORA

ALABA

PENDIENTES

LISTA DE ORACIÓN

PREGUNTAS PARA UNA REFLEXIÓN MÁS PROFUNDA

1. ¿En qué circunstancias te cuesta caminar en una postura de victoria?

2.   ¿De qué manera te ha ayudado tu fe a vencer al mundo?

_____

_____

_____

Día 15

DIOS FIELMENTE PROVEE UN ARCOÍRIS

Y dijo Dios: Esta es la señal del pacto que yo establezco entre
mí y vosotros y todo ser viviente que está con vosotros,
por siglos perpetuos: Mi arco he puesto en las nubes,
el cual será por señal del pacto entre mí y la tierra.
—Génesis 9:12-13

Estaba yo sentada en la sala de espera de la unidad de cuidados intensivos con mi amiga, mientras los médicos y las enfermeras intentaban salvar a su esposo. El mal tiempo afuera combinaba bien con el lúgubre pronóstico de adentro; pero, como suele pasar en Florida, las nubes se apartaron para dar lugar al brillo del sol, y cuando eso ocurrió, el arcoíris más brillante recorrió el cielo sobre el hospital. Fue una señal de esperanza en medio de una tormenta.

Al día siguiente regresé para sentarme, esperar, orar y estar allí con mi amiga. Cuando estábamos sentadas, preocupadas y batallando con el temor y los *y si...*, esperando otra señal de esperanza, entró un guardia de seguridad con un globo que decía "Mejórate pronto" y tenía un borde de arcoíris. Nos explicó que había comprado el globo para un niño pequeño que había visto el día anterior, pero que ahora no podía encontrarlo, así que lo llevó a la sala de espera de cuidados intensivos.

Nos dijo: "Saben, ayer vi un arcoíris precioso sobre el hospital. Me encanta cómo después de la tormenta, cuando se despejan las nubes, llega el arcoíris. Este globo me recordó a ese arcoíris y pensé que tal vez podría animarle el día a alguien".

Se me puso la piel de gallina y los ojos se me llenaron de lágrimas. La esperanza había aparecido de nuevo.

En Génesis 6–9 leemos la historia de Noé. La corrupción y el pecado se estaban extendiendo y Dios iba a destruir la tierra. Él llama a un hombre justo, Noé, para que construya un arca para salvar a su familia y a un remanente de animales. Llegó la lluvia y cayó sobre toda la tierra durante cuarenta días y cuarenta noches. La tierra fue destruida; pero Noé, su familia y los animales sobrevivieron a las aguas. Génesis 8 inicia con el aliento de Dios (la misma palabra hebrea para *Espíritu Santo*; la misma palabra que se movía sobre el caos en Génesis 1) moviéndose sobre las aguas caóticas una vez más. El viento cesó y las aguas retrocedieron.

Cuando Noé, su familia y los animales desembarcaron, Dios les hizo una promesa: nunca más inundaría la tierra por causa del pecado del ser humano. En Génesis 9:12-13 Dios sella el pacto con una señal: un arcoíris en el cielo.

Cuando era niña recuerdo que cuando veía un arcoíris, pensaba: *Esa es mi promesa de que Dios nunca más inundará la tierra*. Ahora que soy adulta he entendido que el arcoíris que Dios pinta sobre el cielo es más que una simple promesa de nunca más aniquilar a todas las personas de la tierra. Es una promesa de que Él será misericordioso y paciente con nuestro pecado.

Esa promesa esconde otra promesa: otro camino. El arcoíris es un recordatorio de que Dios en su misericordia enviaría un Redentor: Jesús, el Mesías y nuestro Salvador. Y Él cumplió fielmente esa promesa. Dios dice en Génesis 9:16: *Estará el arco en las nubes, y lo veré, y me acordaré del pacto perpetuo entre Dios y todo ser viviente, con toda carne que hay sobre la tierra*. El arcoíris es una señal eterna de que Dios es fiel y digno de confianza.

PARA PENSAR

Me encanta que nuestro Dios es muy visual. Él nos da recordatorios físicos porque sabe que tendemos al olvido. Sabía que necesitaríamos ayuda para recordar las cosas.

Por lo tanto, recuerda los arcoíris. Recuerda los momentos en los que la esperanza llega una y otra vez. No olvides las maneras físicas en las que Él te recuerda su fidelidad.

Los resultados tal vez no siempre sean los que queremos, pero Dios siempre será fiel. Él ha hecho un pacto eterno de misericordia con todos nosotros. Cuando las circunstancias sean lúgubres y estemos atravesando tormentas, su pacto siempre brillará con más fuerza, con un precioso esplendor, recordándonos que Él es el Dios que cumple su palabra. Podemos confiar en Dios fielmente porque Él es fiel para cumplir su pacto eterno, por muy grises que sean las nubes.

MÁS VERSÍCULOS PARA ESTUDIAR U ORAR

Salmos 40

VERSÍCULO DEL DÍA

Y dijo Dios: Esta es la señal del pacto que yo establezco entre mí y vosotros y todo ser viviente que está con vosotros, por siglos perpetuos: Mi arco he puesto en las nubes, el cual será por señal del pacto entre mí y la tierra. —Génesis 9:12-13

ORACIÓN

Dios de misericordia, tú eres fiel para cumplir tu pacto eterno con nosotros. Recordaré tu promesa. Cuando los cielos estén grises y la situación parezca no tener salida, ayúdame a recordar tu fidelidad y permite que pueda declarar un testimonio de tus obras de fidelidad. Tu fidelidad me guarda. Ayúdame a recordar los arcoíris.

PIENSA

_____

_____

_____

ORA

_____

_____

_____

ALABA

_____

_____

_____

PENDIENTES   **LISTA DE ORACIÓN**

_____   _____

_____   _____

_____   _____

PREGUNTAS PARA UNA REFLEXIÓN
MÁS PROFUNDA

1.   ¿Cuál es el pacto eterno de Dios con nosotros?

_____

_____

_____

2. Soy muy fan de hacer listas de las veces en las que veo que Dios me recuerda su fidelidad. Utiliza este espacio para anotar algunos momentos en los que Dios te ha recordado su pacto eterno.

_____

_____

_____

Día 16

DIOS ES FIEL PARA NO AVERGONZARTE

Quien en ti pone su esperanza jamás será avergonzado; pero
quedarán en vergüenza los que traicionan sin razón.
—Salmos 25:3 (NVI)

Mi cerebro siempre está haciendo planes: planes para el futuro, cómo creo que van a salir las cosas, y sueños grandes. El problema es que suelo verbalizar esos planes con una falsa seguridad, y el 99.9 por ciento de ellos nunca se cumplen. Es inevitable sentirme avergonzada después.

La vergüenza es el resultado de cuando no estamos a la altura de lo que se esperaba. Es sentirte inferior, decepcionarte a ti misma o a los demás, y normalmente llega cuando ponemos nuestra confianza en algo que no la merece. La vergüenza no viene del Señor. La vergüenza es parte del juego del enemigo. Lo que más le gusta es tentarnos a pecar, hacer que el mundo parezca más digno de confianza de lo que es, y resaltar el placer por encima de la obediencia. Después, lo usa contra nosotras. En mi libro *Feasting on Truth: Savor the Life-Giving Word of God*,[6] [Deleitarse con la verdad: saborear la Palabra de Dios que da vida] comento: "El pecado siempre promete más de lo que da". El enemigo lo sabe.

---

6. Erin H. Warren, *Feasting on Truth: Savor the Life-Giving Word of God* (Windermere, FL: Headley Warren Productions, 2022).

En el Salmo 25 David escribe un poema acróstico (cada versículo comienza con una letra del alfabeto hebreo, en orden) y comienza con la confianza:

A ti, Señor, elevo mi alma; mi Dios, en ti confío; no permitas que sea yo humillado, no dejes que mis enemigos se burlen de mí. Quien en ti pone su esperanza jamás será avergonzado.

—Salmos 25:1-3 (NVI)

Nuestra capacidad para resistir las mentiras del enemigo comienza con nuestra confianza en Dios. Si ponemos en Él nuestra confianza, jamás seremos avergonzadas. Sí, el mundo intentará humillarnos o hacernos creer que nuestra esperanza es en vano, pero debemos permanecer firmemente plantadas en nuestra fe y confiar en Dios. Debemos permanecer firmes en el fundamento sólido que es la Palabra de Dios.

Hay varias maneras en las que podemos apuntalar nuestra fe para contratacar cuando el enemigo intente avergonzarnos. Primero, debemos tener un espíritu humilde y enseñable. Debemos seguir leyendo y aprendiendo acerca de la Palabra de Dios, sabiendo que nunca llegaremos al final de ese conocimiento. Debemos reconocer que no tenemos las respuestas, pero eso no significa que no podamos confiar en Dios. Cuanto más aprendamos de Él y de su Palabra, más firme será el fundamento sobre el que estamos. En el Salmo 25, David le pide varias veces al Señor que le enseñe y le guíe.

Señor, hazme conocer tus caminos; y enséñame tus sendas. Encamíname en tu verdad. Y enséñame, porque tú eres mi Dios y mi salvación. ¡En ti pongo mi esperanza todo el día!

—Salmos 25:4-5 (NVI)

Ser humildes significa admitir que no podemos nosotras solas. Necesitamos que Jesús nos enseñe. Cuando nos acercamos a Él con humildad, con las manos abiertas y dejando a un lado nuestras propias agendas, Él es fiel para enseñarnos y guiarnos, y esa es la segunda manera en la que apuntalamos nuestro fundamento.

Bueno y justo es el Señor; por eso les muestra a los pecadores el camino. Él dirige en la justicia a los humildes, y les enseña su camino. —Salmos 25:8-9 (NVI)

Él es bueno. Él es recto, lo cual significa que es correcto y justo. No tiene fallos, por lo que su Palabra es buena y beneficiosa para nosotras. Todos sus caminos son fieles, y los aprendemos a través de su Palabra.

Todas las sendas del Señor son amor y verdad para quienes cumplen los mandatos de su pacto. —Salmos 25:10 (NVI)

Cuando conocemos los caminos de fidelidad de Dios, el enemigo pierde su habilidad de hacernos dudar. Utilizando las palabras de Isaías, Pedro nos recuerda:

Acercándoos a él, piedra viva, desechada ciertamente por los hombres, mas para Dios escogida y preciosa, vosotros también, como piedras vivas, sed edificados como casa espiritual y sacerdocio santo, para ofrecer sacrificios espirituales aceptables a Dios por medio de Jesucristo. Por lo cual también contiene la Escritura: He aquí, pongo en Sion la principal piedra del ángulo, escogida, preciosa; y el que creyere en él, no será avergonzado. —1 Pedro 2:4-6

Créele a Dios. Tómale la Palabra. Él no será fuente de vergüenza. Tu esperanza está a salvo en Él.

PARA PENSAR

El pecado puede producir vergüenza, pero nuestra fe en Dios nunca lo hará. ¡Gracias a Dios! Él es digno de confianza, y de eso no hay duda. Satanás intentará decirte lo contrario; maquinará y mentirá para hacerte creer que el camino de Dios no es el mejor y que confiar en su Palabra no tiene sentido, pero clavemos nuestra estaca en la tierra y proclamemos: *Mis ojos están puestos siempre en el Señor, pues solo él puede sacarme de la trampa* (Salmos 25:15, NVI). Que las verdades de su Palabra se asienten en lo profundo de nuestros corazones. Que su verdad nos proteja: *"Sean mi protección la integridad y la rectitud, porque en ti he puesto mi esperanza"* (Salmos 25:21, NVI). Nuestra esperanza en Dios no es una esperanza vacía.

MÁS VERSÍCULOS PARA ESTUDIAR U ORAR

Isaías 28:16; Romanos 5:1-5; 1 Pedro 2

VERSÍCULO DEL DÍA

Quien en ti pone su esperanza jamás será avergonzado; pero quedarán en vergüenza los que traicionan sin razón.

—Salmos 25:3 (NVI)

ORACIÓN

Señor, sé que la vergüenza no viene de ti. Tus caminos son fieles y buenos. Te pido humildemente que me enseñes y me guíes en tu Palabra para que mi esperanza esté firmemente arraigada en ti. Cuando Satanás quiera atacarme, ayúdame a permanecer firme en la piedra angular que es Jesucristo y el precio que Él pagó por mí. El perdón está asegurado, así que ayúdame a seguir confiando en ti cada día más.

PIENSA

_____

_____

_____

ORA

_____

_____

_____

ALABA

_____

_____

_____

PENDIENTES   ## LISTA DE ORACIÓN

_____   _____

_____   _____

_____   _____

PREGUNTAS PARA UNA REFLEXIÓN
MÁS PROFUNDA

1. ¿De qué maneras ha intentado avergonzarte el enemigo?

_____

_____

_____

2. ¿Qué versículos de la Escritura te ayudan a defenderte contra las mentiras del enemigo?

_____

_____

_____

DIOS ES FIEL PARA DAR VIDA ETERNA

Porque de tal manera amó Dios al mundo, que ha dado a su Hijo unigénito, para que todo aquel que en él cree, no se pierda, mas tenga vida eterna.

—Juan 3:16

Juan *3:16.* Es el versículo de la Biblia más famoso del mundo. Lo vemos en pancartas en eventos deportivos y en grafitis por las carreteras. Es uno de los primeros versículos que aprendemos de niñas, y es todo el evangelio en un solo versículo. Sin embargo, cuando tomé el tiempo de estudiar este versículo en contexto... (acá podemos insertar emoji de "me vuela la cabeza").

Uno de mis aspectos favoritos del estudio bíblico es ver cómo el Antiguo Testamento está ligado al Nuevo Testamento. El Antiguo Testamento es una sombra que nos apunta a la verdad de Jesús. Es algo que a menudo pasamos por alto hoy en día. Debemos recordar que el pueblo judío era una sociedad con tradición oral, lo cual significa que memorizaban una gran parte del Antiguo Testamento. Así es como Dios preservó su Palabra durante miles de años. Por eso hay tantos versículos en la Escritura sobre enseñar la Palabra a tus hijos. Es literalmente el modo en que la próxima generación aprendería acerca de Dios. Por lo tanto, cuando vemos en el Nuevo Testamento una referencia al Antiguo Testamento, para la audiencia original eso hubiera hecho que el oyente inmediatamente recordara ese versículo y también los demás que estaban cerca, y después ver la conexión que tenía con Jesús.

Eso es lo que Jesús hace aquí en esta conversación con un líder religioso llamado Nicodemo. Nicodemo, que era fariseo, acudió a Jesús en el anonimato de la noche. Tenía preguntas, pero los líderes religiosos no eran muy fanáticos de Jesús, que digamos. Nicodemo hizo preguntas difíciles y Jesús le respondió con gracia. Nicodemo conocía muy profundamente la Torá (los primeros cinco libros de la Biblia), así que cuando Jesús dijo: *Y como Moisés levantó la serpiente en el desierto, así es necesario que el Hijo del Hombre sea levantado, para que todo aquel que en él cree, no se pierda, mas tenga vida eterna* (Juan 3:14-15), Nicodemo seguramente recordaría al instante la historia de la serpiente de bronce que encontramos en Números 21.

Moisés y los israelitas estaban vagando por el desierto, y el pueblo se impacientó y comenzaron a quejarse otra vez más.

Y comenzaron a hablar contra Dios y contra Moisés:
—¿Para qué nos trajeron ustedes de Egipto a morir en este desierto? ¡Aquí no hay pan ni agua! ¡Ya estamos hartos de esta pésima comida! Por eso el Señor mandó contra ellos serpientes venenosas, para que los mordieran, y muchos israelitas murieron.   —Números 21:5-6 (NVI)

Cada día Dios proveía maná y codornices para que el pueblo comiera… ¡y dijeron que era *pésima* comida! Estaban *hartos* de lo que el Señor había provisto para ellos. Por lo tanto, Dios envió serpientes venenosas y, al verse cara a cara con la muerte, el pueblo clamó y se arrepintió. Admitieron su pecado y pidieron a Moisés que orara pidiéndole a Dios que se llevara las serpientes. Moisés oró y Dios abrió un camino:

Y Jehová dijo a Moisés: Hazte una serpiente ardiente, y ponla sobre un asta; y cualquiera que fuere mordido y mirare a ella, vivirá. Y Moisés hizo una serpiente de bronce, y la puso sobre

un asta; y cuando alguna serpiente mordía a alguno, miraba a la
serpiente de bronce, y vivía.   —Números 21:8-9

Fíjate que Dios no se llevó las serpientes, sino que dio a aquellos
que habían sido mordidos una forma de escapar de la muerte para que
tuvieran vida.

¡Chicas! *Ese* es el contexto de Juan 3:16. Jesús está trazando una
conexión entre sí mismo y Números 21. Está diciendo que, del mismo
modo que el pueblo solo tenía que mirar a la serpiente de bronce
levantada en el desierto para vivir, nosotras solo tenemos que mirar a
nuestro Salvador y creer en Él para tener vida *eterna*. La serpiente se
levantó para dar vida temporal. Jesús fue levantado en una cruz para
darnos vida para siempre.

PARA PENSAR

Los carteles que muestran "Juan 3:16" captan la atención de la
gente, pero el siguiente versículo nos señala una distinción importante para el ministerio de Cristo:

Porque no envió Dios a su Hijo al mundo para condenar al
mundo, sino para que el mundo sea salvo por él.   —Juan 3:17

Muchos creen que Jesús vino para condenar a las personas, pero
en realidad vino para salvar. Igual que los israelitas en el desierto que
fueron mordidos por las serpientes, nosotras íbamos de camino a la
muerte. No había salida. Pero Jesús... Él bajó del cielo y vino para
hacer lo que nosotras no podíamos hacer. Pagó el precio para que
podamos ser salvas a través de Él y recibir el regalo de la vida eterna.
Los israelitas tuvieron que dirigir su mirada a la serpiente de bronce.
Era su decisión: podían intentar salvarse a sí mismos o confiar en la
salvación que Dios había provisto. Nosotras debemos hacer lo mismo.
Podemos poner nuestra fe en su salvación verdadera, sabiendo que
con Él podemos escapar de la condenación y tener vida eterna. Ya que
hemos visto su fidelidad a lo largo de la Escritura, podemos confiar en
que Él será fiel para darnos vida eterna de la misma forma.

MÁS VERSÍCULOS PARA ESTUDIAR U ORAR

Números 21; Juan 8:28

VERSÍCULO DEL DÍA

Porque de tal manera amó Dios al mundo, que ha dado a su Hijo unigénito, para que todo aquel que en él cree, no se pierda, mas tenga vida eterna. —Juan 3:16

ORACIÓN

Gracias, Jesús, por el regalo de la vida eterna. Sé que sin ti estoy condenada a morir, pero igual que los israelitas en el desierto miraron a la serpiente de bronce para vivir, yo te miro a ti sabiendo que en ti encontraré vida eterna. Cuando sea tentada a dudar, recuérdame tu fidelidad. Tú harás todo lo que dijiste que harías.

PIENSA

ORA

ALABA

PENDIENTES

LISTA DE ORACIÓN

_____

_____

_____

PREGUNTAS PARA UNA REFLEXIÓN
MÁS PROFUNDA

1. ¿En qué sentido nos da la serpiente de Números 21 una imagen de la vida eterna que Jesús provee?

_____

_____

_____

2. ¿Qué otros versículos de la Escritura nos dan la promesa de la vida eterna?

_____

_____

_____

Día 18

DIOS ES FIEL PARA AMARTE INCONDICIONALMENTE

Alabad al Dios de los cielos,
porque para siempre es su misericordia.
—Salmos 136:26

Me encantan las buenas comedias románticas. Mi vida está llena de angustia, pero cuando me siento a disfrutar de una comedia romántica, encuentro alivio en la ternura y la alegría de una buena historia de amor. Sin embargo, con el tiempo me he dado cuenta de que hay una fórmula para las historias de las películas románticas: chico conoce a chica. Chico y chica salen. Chico y chica tienen un malentendido. Montaje musical de chico y chica viviendo vidas separadas, reflexionando sobre si esta relación vale la pena. El chico y la chica se reconcilian para vivir felices para siempre. Esto es el amor humano: un flujo oscilante, un dar y tomar, malentendidos y reconciliación.

Sin embargo, el amor incondicional de Dios no es así.

La palabra hebrea para "amor incondicional" es *hesed*. La habrás visto traducida como "bondad" o "misericordia". *Hesed* se usa más de 250 veces en el Antiguo Testamento, siendo 129 de esos casos en el libro de Salmos. Es una palabra difícil de definir en español, pero la mejor descripción es "amor leal". Se refiere a la fidelidad de Dios fruto de su pacto con nosotros. Su amor y su lealtad son inamovibles. Esta palabra nunca se utiliza para describir el amor de las personas; siempre hace referencia al amor de Dios. No tiene condiciones. No es un amor que podemos ganarnos. El amor incondicional es parte del carácter de Dios y perdura para siempre.

En Éxodo 34 Moisés le pide a Dios que le muestre su gloria, y el Señor lo hace. Esconde a Moisés en la grieta de una roca, pone su mano sobre la abertura (porque nadie puede ver a Dios y vivir) y pasa delante de él.

Y Jehová descendió en la nube, y estuvo allí con él, proclamando el nombre de Jehová. Y pasando Jehová por delante de él, proclamó: ¡Jehová! ¡Jehová! fuerte, misericordioso y piadoso; tardo para la ira, y grande en misericordia y verdad; que guarda misericordia a millares, que perdona la iniquidad, la rebelión y el pecado, y que de ningún modo tendrá por inocente al malvado; que visita la iniquidad de los padres sobre los hijos y sobre los hijos de los hijos, hasta la tercera y cuarta generación. Entonces Moisés, apresurándose, bajó la cabeza hacia el suelo y adoró.

—Éxodo 34:5-8

Este es el nombre de Dios. Es su esencia. Y entre estos versículos descubrimos dos características de su amor incondicional: nuestro Dios es grande en misericordia y guarda misericordia. Su amor no es solo suficiente o el mínimo indispensable; ¡es *grande* en misericordia!

Eso significa que nunca puedes pecar tanto que Él no te ame. Su amor por ti nunca disminuirá por causa de tus errores. No tienes tanto poder.

Su amor también perdura por miles de generaciones. La palabra hebrea *hesed* significa literalmente preservar y guardar con fidelidad. A diferencia del amor humano, el amor incondicional de Dios no es variable. Él lo guarda. Él preserva su lealtad hacia nosotros. Creo que a veces nos cuesta entender el carácter infinito y duradero del amor leal de Dios por nosotros, pero cuando vislumbramos un destello de ese amor, nuestra respuesta será la de Moisés: adorar.

El Salmo 136 es un salmo de alabanza por el amor incondicional de Dios. Es un himno para recordar su fidelidad con nosotros. Cada uno de los veintiséis versículos termina con esta verdad: *Porque para siempre es su misericordia.*

PARA PENSAR

Fíjate en que el salmista comienza y termina con acción de gracias. Nuestra respuesta a su amor incondicional debería ser la gratitud. Pensar en su amor incondicional por mí, personalmente, me humilla. Yo he cometido muchos errores a lo largo de mi vida y no merezco este tipo de amor, pero Él me lo dio incluso cuando era pecadora (ver Romanos 5:8). No importa lo que haga; su amor no me abandonará (ver Isaías 54:10).

Acerquémonos con agradecimiento a nuestro Dios fiel y lleno de amor incondicional. Él es bueno, y ha hecho grandes cosas. Porque su amor inquebrantable perdura para siempre, puedo adorarlo, sabiendo que su amor es abundante y está reservado para mí.

MÁS VERSÍCULOS PARA ESTUDIAR U ORAR

Éxodo 34; Isaías 54:10; Romanos 5:8

VERSÍCULO DEL DÍA

Alabad al Dios de los cielos, porque para siempre es su misericordia.   —Salmos 136:26

ORACIÓN

Oh, Señor... tu amor incondicional es para siempre. Tu lealtad, respaldada por tu pacto, no tiene fin. Gracias por tu fidelidad al amarme no por lo que hago, sino por quién eres tú. Eres bueno, misericordioso, lleno de gracia y compasivo. Ayúdame a no usar tu amor como una excusa para pecar, sino permite que me impulse hacia la santidad. Que mi vida sea un canto de adoración por tu *hesed* que perdura para siempre.

PIENSA

ORA

ALABA

PENDIENTES   LISTA DE ORACIÓN

PREGUNTAS PARA UNA REFLEXIÓN MÁS PROFUNDA

1. ¿Qué te impide creer que el amor de Dios por ti es incondicional?

---

2. Enumera algunas maneras concretas en las que has visto que la fidelidad de Dios ha reafirmado su amor incondicional por ti, como hizo el salmista en el Salmo 136.

_____

_____

_____

Día 19

DIOS FIELMENTE
DA ESPERANZA

Tenemos como firme y segura ancla del alma una esperanza
que penetra hasta detrás de la cortina del santuario.

—Hebreos 6:19 (NVI)

Esperanza es una palabra que me resultó confusa por muchos años. Leía acerca de la esperanza en la Escritura, pero no concordaba con mi definición en español de esperanza en el siglo XXI. Utilizamos esta palabra muy a la ligera: "Espero que mi equipo gane el partido". "Espero que mis hijos no se quejen por las verduras". "Espero conseguir el empleo". "Espero que no haya tráfico de camino al trabajo".

Esta esperanza puede desembocar en varios resultados: algunos favorables y otros no tanto. Es mi manera de decir lo que me gustaría que ocurriera, reconociendo también que es posible que no ocurra. Por lo tanto, cuando leía acerca de poner nuestra esperanza en Dios o el hecho de que en Dios mi esperanza está segura, no sabía qué pensar. La esperanza no es algo seguro en el mundo de hoy. Entonces, ¿cuál es esta esperanza segura que Dios da?

En el mundo antiguo, la esperanza era algo mucho más profundo que lo que significa hoy para nosotras. La esperanza era sinónimo de confianza. De hecho, la palabra "esperanza" puede reemplazarse por "confianza" en la mayoría de los versículos. Esto nos da una imagen más clara de la esperanza que Dios es fiel para darnos.

En Hebreos 6 el autor utiliza el ejemplo del pacto de Dios con Abraham, en el que le prometió hacer de Abraham una gran nación, para ilustrar la idea de la esperanza segura que tenemos en Él. Dice:

Porque los hombres ciertamente juran por uno mayor que ellos, y para ellos el fin de toda controversia es el juramento para confirmación. Por lo cual, queriendo Dios mostrar más abundantemente a los herederos de la promesa la inmutabilidad de su consejo, interpuso juramento; para que por dos cosas inmutables, en las cuales es imposible que Dios mienta, tengamos un fortísimo consuelo los que hemos acudido para asirnos de la esperanza puesta delante de nosotros. —Hebreos 6:16-18*

Dios hizo un juramento de confirmar el pacto que había hecho con Abraham, y como Dios no cambia y su carácter tampoco, la promesa es inmutable. La promesa sigue en pie porque Dios no puede mentir. El libro de Hebreos está escrito para creyentes judíos que no solo se enfrentaban a la persecución de parte del gobierno, sino que además estaban siendo expulsados de las sinagogas y hasta de sus familias por creer en Jesús. Sus circunstancias vitales estaban haciendo que cuestionaran su fe, pero el autor de Hebreos les escribe para animarlos a aferrarse a la esperanza que tienen delante. Dios no falla; por lo tanto, Él da una esperanza que no falla y que es firme: Jesús.

Jesús es nuestra esperanza. Él es nuestro gran Sumo Sacerdote que entró en el lugar santísimo para ofrecer el sacrificio de su propia sangre por nosotros. El velo que separaba al pueblo de la presencia de Dios se partió en dos cuando Jesús dio su último aliento en la cruz (ver Mateo 27:51). Ahora tenemos acceso a Dios mismo. Esta es la esperanza que ancla nuestras almas.

PARA PENSAR

Un ancla mantiene un barco en su lugar para que no lo arrastre una tormenta o el movimiento normal del agua. La esperanza que tenemos cumple la misma función. Cuando las tormentas de la vida amenazan con azotarnos de un lado a otro, desviar nuestro rumbo o perder nuestro camino, recordamos que Dios es fiel para darnos esperanza, una confianza firme en que Él es quien dice que es y hace lo que dice que hará. Esta esperanza es segura e inamovible. Es firme, confiable, digna de confianza y segura. Perdura para siempre, es estable y es inconmovible.

Aférrate a ella. No la dejes ir. Confía en Dios y mantén el rumbo de la fe, porque Dios fielmente da esperanza.

MÁS VERSÍCULOS PARA ESTUDIAR U ORAR

Romanos 5:1-5; Colosenses 1:21-29

VERSÍCULO DEL DÍA

Tenemos como firme y segura ancla del alma una esperanza que penetra hasta detrás de la cortina del santuario.

—Hebreos 6:19 (NVI)

ORACIÓN

Tú eres el Dios que fielmente da esperanza. Eres verdadero y digno de confianza, así que sé que puedo poner toda mi esperanza, confianza, seguridad y fe en ti. La esperanza depositada en ti nunca será fuente de vergüenza. Cuando las tormentas amenacen con hacer perder el rumbo a mi fe, ayúdame a recordar que debo echar el ancla, permaneciendo firme y segura confiando en ti.

PIENSA

_____

_____

_____

ORA

ALABA

PENDIENTES	LISTA DE ORACIÓN

PREGUNTAS PARA UNA REFLEXIÓN
MÁS PROFUNDA

1. ¿Cómo cambia tu comprensión de la esperanza firme de la que habla la Escritura al saber que esperanza es sinónimo de confianza?

---

2. ¿En qué áreas de tu vida necesitas echar el ancla y recordar la esperanza firme de Dios?

Día 20

DIOS FIELMENTE
DA FORTALEZA

Él da esfuerzo al cansado, y multiplica las fuerzas al que no
tiene ningunas. Los muchachos se fatigan y se cansan,
los jóvenes flaquean y caen; pero los que esperan a Jehová
tendrán nuevas fuerzas; levantarán alas como las águilas;
correrán, y no se cansarán; caminarán, y no se fatigarán.
—Isaías 40:29-31

Hace algunos años atrás tuve un dolor en el hombro que me afectaba al sueño y me impedía manejar. No podía sostener casi nada con mi lado derecho. Después de algunas pruebas, mi doctor me dijo que tengo síndrome de hiperlaxitud, o ligamentos extremadamente elásticos, lo cual significa que, en general, yo era inestable (adelante, puedes reírte, ¡yo lo hice!). Los ligamentos que sostienen mis huesos son más flexibles de lo que deberían ser, lo cual hace que sea más difícil para mis articulaciones mantenerse en su lugar. ¿La solución? Debía desarrollar mi musculatura. Necesitaba más fuerza para poder ser más estable (sigo riéndome). Después de algo de rehabilitación y unos ajustes en mi rutina de entrenamiento, el problema desapareció con el tiempo.

Nuestra fe funciona de la misma manera. Para poder ser más estables y firmes en nuestra fe, debemos desarrollar nuestra musculatura espiritual. La buena noticia es que no trabajamos en nuestras propias fuerzas. Dios mismo nos da de las suyas. Él es nuestra estabilidad y fuente de fortaleza.

En Isaías 40 vemos una progresión de pensamientos del profeta que, claramente, no son una coincidencia. El capítulo comienza con el consuelo de Dios, ayudándonos a recordar que en medio de nuestro dolor Él nos da el consuelo abundante que necesitamos. Y lo hace a través de su Palabra, que es fiel (ver Isaías 40:8). Por eso lo alabamos, porque Él es grande y poderoso (v. 10) y cuida de su rebaño (v. 11). ¿Quién podrá medirlo (vv. 12-13)? ¿Quién es su consejero (v. 14)? ¿Quién podría decir que "le enseñó el camino del juicio, o le enseñó ciencia, o le mostró la senda de la prudencia" (Isaías 40:14)? ¿Quién puede compararse a Él (v. 18)? Nadie. Él es el único grande y poderoso (v. 26).

Mi fortaleza no se compara a la de Dios. Sin Él, soy inestable y tiendo al temor. Pero Él está conmigo, así que soy fuerte.

PARA PENSAR

La mayoría de los días estoy muy cansada, y me pesan la falta de sueño y el estrés de tener un hijo con una enfermedad crónica; sin embargo, he aprendido que cuando soy débil estoy mejor capacitada para reconocer mis limitaciones, y ellas me hacen depender más de la fortaleza de Dios que de la mía propia y, gloria a Dios, sus fuerzas nunca se acaban porque Él es el Dios eterno (ver Isaías 40:28-31).

Solamente Él es el Creador de toda la tierra. Solamente Él es grande y poderoso. Solamente Él es el Dios eterno e infinito. Nunca se cansa. Nunca se agota. Nunca trabaja demasiado duro. Nosotras somos seres finitos. Nuestra fortaleza es finita. Nuestra energía es finita. Nuestros recursos son finitos. Incluso mis hijos, que parecen tener una cantidad interminable de energía, con el tiempo se cansan y se quedan dormidos.

Pero nuestro Dios no.

Él nos da su fortaleza para seguir corriendo la carrera. Él nos da el poder para enfrentar cada día. Puedo depender completamente de Dios, que es la fuente de energía inagotable, porque Él me da fuerzas.

MÁS VERSÍCULOS PARA ESTUDIAR U ORAR

Salmos 29; Isaías 40:28-31

VERSÍCULO DEL DÍA

Él da esfuerzo al cansado, y multiplica las fuerzas al que no tiene ningunas. Los muchachos se fatigan y se cansan, los jóvenes flaquean y caen; pero los que esperan a Jehová tendrán nuevas fuerzas; levantarán alas como las águilas; correrán, y no se cansarán; caminarán, y no se fatigarán. —Isaías 40:29-31

ORACIÓN

Dios, estoy cansada. Algunos días, cuando me siento indefensa ante los retos de ese día, mi fe parece inestable; pero tú eres el Dios eterno y, por lo tanto, no tengo que temer. Tú das fortaleza y poder a través de tu presencia. Permíteme seguir dependiendo completamente de ti, la fuente de todo lo que necesito para enfrentar este día.

PIENSA

ORA

ALABA

_____

_____

_____

PENDIENTES   LISTA DE ORACIÓN

_____   _____

_____   _____

_____   _____

PREGUNTAS PARA UNA REFLEXIÓN
MÁS PROFUNDA

1. ¿Qué te agota ahora mismo?

_____

_____

2. ¿Qué otros versículos de la Escritura te recuerdan que Dios es la
    fuente de todo lo que necesitamos?

_____

_____

_____

Día 21

DIOS FIELMENTE NOS SOSTIENE

Yo me acosté y dormí, y desperté, porque Jehová me sustentaba.
—Salmos 3:5

Soy un poco torpe. Suelo echarle la culpa a mis pies pequeños; me falta muy poco para llegar a los 1.82 metros de altura y llevo zapatos de talla 39 (lo sé, es ridículo). ¿Recuerdas cuando mencioné que soy inestable? (sí, me sigo riendo). Podría entretenerte durante horas contándote historias de cuando me caí o choqué contra cosas; qué vergüenza (Brooke y yo nos compadecemos de este "talento"). Chicas, una vez me choqué con una puerta y no sé cómo me torcí el tobillo. ¡Estas cosas no se pueden inventar! En otra ocasión, bajé mal de una vereda y me torcí el mismo tobillo con bastante gravedad. Esa vez acabé con muletas. No podía apoyar nada de peso sobre mi pie y necesitaba ayuda para caminar.

Mi torpeza es una metáfora estupenda de nuestro caminar con Dios. No podemos hacerlo solas; necesitamos su apoyo.

En 2 Samuel 15 vemos que el rey David estaba huyendo de su hijo Absalón. Absalón era un hombre malvado que intentaba destronar a su padre. Al oír que Absalón se dirigía a Jerusalén, David les dijo a sus sirvientes y a toda su casa que huyeran de la ciudad antes de que Absalón llegara y los matara a todos. Mientras se iban, el rey David subió la cuesta de los olivos, "llorando, llevando la cabeza cubierta y los pies descalzos" (2 Samuel 15:30).

Me imagino que David oró el Salmo 3 mientras lloraba. Todo parecía estar en su contra, pero su fe en Dios no se tambaleó. Se recordó a sí mismo el carácter de su Dios; que Él es escudo y "el que levanta mi cabeza" (Salmos 3:3). Me encanta esa imagen. En medio del temor porque el enemigo se acercaba, David hace algo inesperado: se acuesta y se levanta, sabiendo que el Señor lo sostenía.

La palabra hebrea para *sustentaba* (recuerda que esta palabra está en Salmos 3:5, versículo que encabeza el día de hoy) significa apoyarse, tumbarse, descansar o sostener. De la misma forma en que yo necesitaba apoyarme en las muletas para poder caminar, podemos apoyarnos en Dios buscando el soporte que necesitamos al atravesar las dificultades o el temor porque el enemigo se acerca. Podemos descansar en Él, y Él nos carga. Cuando reconocemos que solo Él nos sostiene, el temor da lugar a la confianza; confianza que nos permite descansar.

PARA PENSAR

Confiar en nosotras mismas no produce ningún resultado. Dios dice en Jeremías: *Maldito el varón que confía en el hombre, y pone carne por su brazo, y su corazón se aparta de Jehová* (Jeremías 17:5). Esa persona vivirá "en los sequedales en el desierto" (v. 6), y no tendrá ningún bien. Pero me encanta el contraste para aquel que confía en el Señor.

Bendito el varón que confía en Jehová, y cuya confianza es Jehová. Porque será como el árbol plantado junto a las aguas, que junto a la corriente echará sus raíces, y no verá cuando viene el calor, sino que su hoja estará verde; y en el año de sequía no se fatigará, ni dejará de dar fruto. —Jeremías 17:7-8

Cuando confiamos en el Señor, cuando nuestra confianza está *puesta* en el Señor, seremos como un árbol plantado a la orilla de un río que obtiene un flujo constante de nutrientes que llega hasta sus raíces. Dios nos sostiene cuando permanecemos en Él, y el resultado es una fe que no se marchita ni se llena de temor cuando las cosas se acaloran, ni se angustia cuando las provisiones parecen escasear. En lugar de eso, seguiremos rectas, firmes y sostenidas, llevando el fruto de la fe que solo se produce cuando ponemos todo el peso de nuestra confianza en nuestro Dios que nos sustenta. Puedo descansar plenamente en Dios, porque Él es fiel para sostenerme.

MÁS VERSÍCULOS PARA ESTUDIAR U ORAR

Jeremías 17:5-9

VERSÍCULO DEL DÍA

Yo me acosté y dormí, y desperté, porque Jehová me sustentaba.

—Salmos 3:5

ORACIÓN

Señor, mi confianza no está en mí misma ni en nada que sea de la carne. Pongo todo el peso de mi fe en tu promesa que me sostiene. Permíteme recordar tu fidelidad cuando el calor amenace con destruir o la sequía me haga pensar que no tengo suficiente. Tú eres el Dios que me sostiene, y confío en ti.

PIENSA

ORA

ALABA

_____

_____

_____

PENDIENTES   LISTA DE ORACIÓN

_____   _____

_____   _____

_____   _____

PREGUNTAS PARA UNA REFLEXIÓN
MÁS PROFUNDA

1. Lee Jeremías 17:5-9. ¿Cuál es la diferencia entre aquellos que ponen su confianza en las personas y aquellos que ponen su confianza en Dios?

_____

_____

_____

2. ¿En qué áreas de tu vida necesitas apoyarte en el Señor, confiando en que Él te sostendrá y será tu apoyo?

_____

_____

_____

Día 22

DIOS FIELMENTE NOS GUÍA

Te haré entender, y te enseñaré el camino en que debes andar;
sobre ti fijaré mis ojos.
—Salmos 32:8

La orientación es algo difícil para mí. No me digas que gire hacia el norte o vaya hacia el este en la autopista. Si vas manejando y me preguntas si debes girar a la derecha o a la izquierda, me detendré un momento para mirar mis manos. Pensaré: *Esta es la mano con la que escribo y esa es la dirección hacia la que hay que girar.* Después te miraré y diré: "Gira a la derecha". Me cuesta orientarme y saber hacia dónde tengo que ir. Cuando tenía que viajar por trabajo, antes de que existieran los GPS, siempre iba a una página de mapas e imprimía las instrucciones para todas las rutas que tenía que hacer con el auto; del aeropuerto al hotel, del hotel al lugar de encuentro, del lugar de encuentro al restaurante al que íbamos a cenar… ¡Y me perdía varias veces!

Gracias a Dios que la tecnología ha evolucionado y las indicaciones ahora están siempre a un solo toque de distancia. Yo tengo una señorita con un agradable acento australiano que me dice en qué dirección debo ir, y es cada vez más precisa. Me quita el estrés de sentir que me voy a perder. Mi GPS me da la confianza que necesito para seguir adelante, sabiendo que gracias a sus indicaciones llegaré hasta donde tengo que ir.

Dios promete guiarnos, pero su guía está en otro nivel. Sí, hay veces en las que Dios nos da instrucciones sobre la dirección física en la que debemos ir, pero mientras más años cumplo y más tiempo llevo siguiendo a Jesús, más siento que las instrucciones de Dios no son tanto sobre dónde ir y qué hacer sino sobre quiénes somos. Hay varios pasajes en la Escritura que reafirman la promesa de Dios de guiarnos, pero me encanta la imagen que utiliza David en el Salmo 32. Él hace una distinción importante en la forma en que Dios nos guía.

Te haré entender, y te enseñaré el camino en que debes andar; sobre ti fijaré mis ojos. No seáis como el caballo, o como el mulo, sin entendimiento, que han de ser sujetados con cabestro y con freno, porque si no, no se acercan a ti. —Salmos 32:8-9

Un caballo o una mula que han sido entrenados se dejan controlar sin necesidad de saber dónde van, como yo cuando sigo las instrucciones de mi GPS; sin embargo, cuando se le quita el arnés, el animal huye sin rumbo. El caballo corre sin rumbo. Dios no quiere que nos dejemos controlar a ciegas, sino que Él nos enseña y nos entrena en sus caminos para que podamos seguirlo con sabiduría.

La Escritura suele usar la imagen de caminar por un sendero o seguir *el camino* cuando habla sobre cómo deberíamos vivir. A simple vista parece estar hablando de un sendero físico, pero es una metáfora de un viaje espiritual. Como compartí en mi libro *Feasting on Truth* [Un festín de verdad], la Biblia "no es un libro pensado para guiarnos en nuestros caprichos; es un libro que Dios usa para guiarnos hacia sí mismo".[7] Muchas veces vemos la Biblia como un libro de instrucciones para la vida en la tierra, buscando respuestas a nuestras preguntas, cuando en realidad es un libro que nos enseña acerca del carácter de Dios y cómo deberíamos vivir a la luz de quien es Él.

Para mí fue un alivio darme cuenta de que Dios camina con nosotras y nos guía en el camino. ¿Recuerdas que Él es un pastor que nos cuida? Él nos guía a sí mismo y nos hace más parecidas a Él; nos

---

7. Warren, *Feasting on Truth*.

equipa con sabiduría y discernimiento para navegar por la vida aquí en la tierra.

PARA PENSAR

No se me dan muy bien las indicaciones de norte, sur, derecha o izquierda, pero soy muy buena con los puntos de referencia. Mi cerebro comprende inmediatamente: "ve hacia el centro de la ciudad" o "gira cuando llegues al supermercado". Por lo tanto, cuando busques dirección para tu vida, ve hacia Jesús. ¿Qué camino físico está en consonancia con su Palabra? Dios no se esconde de ti. Él está a plena vista, especialmente en su Palabra. Dios dice: *Acercaos a mí, oíd esto: desde el principio no hablé en secreto; desde que eso se hizo, allí estaba yo* (Isaías 48:16). Debes saber que su meta es que tú seas más como Él y menos como el mundo.

Él desea que crezcamos en sabiduría y discernimiento. Nos ha dado su Palabra y un guía personal, el Espíritu Santo, para conocer y entender la verdad (ver Juan 16:13).

¿No estás segura de qué dirección tomar? Ve hacia Jesús. Acércate a Él, y Él te guiará.

MÁS VERSÍCULOS PARA ESTUDIAR U ORAR

Salmos 73:23-26; 119:105; Isaías 48:16; Juan 16:13

VERSÍCULO DEL DÍA

Te haré entender, y te enseñaré el camino en que debes andar; sobre ti fijaré mis ojos.   —Salmos 32:8

ORACIÓN

Dios, tú eres el buen Pastor que guía a su pueblo, y nos guías hacia ti mismo. Yo no tengo todas las respuestas, pero tú eres el Dios que lo sabe todo. Enséñame y aconséjame. Permite que mi corazón sea enseñable a medida que crezco en entendimiento. Permíteme ver más de ti hoy, mientras tu Espíritu Santo me guía a la verdad.

PIENSA

_____

_____

_____

ORA

_____

_____

_____

ALABA

_____

_____

_____

PENDIENTES

_____

_____

_____

LISTA DE ORACIÓN

_____

_____

_____

PREGUNTAS PARA UNA REFLEXIÓN MÁS PROFUNDA

1. Hemos visto que la promesa del Señor de guiarnos tiene más que ver con guiarte hacia Él que hacia un destino específico ¿Cómo cambia esto tu manera de pensar sobre la promesa de que Dios te guiará?

_____

_____

_____

2. ¿En qué áreas de tu vida has visto que Dios te ha hecho crecer en sabiduría y discernimiento?

_____

_____

_____

Día 23

DIOS FIELMENTE DA GOZO

También vosotros ahora tenéis tristeza; pero os volveré a ver, y se gozará vuestro corazón, y nadie os quitará vuestro gozo.
—Juan 16:22

El gozo es una promesa. Pero, vaya... hay momentos en los que resulta muy difícil sentir gozo. Salmos 16:11 nos dice que en la presencia de Dios "hay plenitud de gozo", pero cuando el calor aumenta y la presión se intensifica, es difícil aferrarse a esta promesa.

En el Día 8 leímos el final de Juan 16. Ahora quiero que nos enfoquemos en otra verdad de este capítulo: podemos tener gozo completo y duradero porque Dios es fiel en medio del sufrimiento.

Dios fielmente nos da gozo, tanto ahora como por la eternidad. Creo firmemente que Jesús quiso transmitir un doble sentido cuando dijo estas palabras. El significado inmediato es que en cuestión de horas Jesús iba a ser arrestado, juzgado y crucificado, y sus seguidores quedarían devastados; sin embargo, creo que también está hablando de la eternidad. Lo compara al nacimiento de un niño, lo cual se usa a menudo en la Escritura como ejemplo de la dolorosa espera por el Mesías y la segunda venida (ver Juan 16:21; Romanos 8:22-24). Jesús les dice que el gozo está en camino, a corto plazo cuando Él se levante y salga de la tumba, pero también a largo plazo cuando Él regrese para llevarse a su novia. Yo siento esta angustia casi a diario en nuestro mundo cuando veo a quienes nos rodean que se gozan en su propio pecado, mientras nosotras hacemos duelo porque no es así como debería ser la vida. ¡Pero el gozo está en camino! El gozo que el mundo ofrece es temporal; no satisfará y al final conduce a la muerte (ver Romanos 6:20-21). Sin embargo, para aquellos que ponen su confianza y su fe en Jesús, la tristeza es temporal. El gozo está en camino.

De cierto, de cierto os digo, que vosotros lloraréis y lamentaréis, y el mundo se alegrará; pero aunque vosotros estéis tristes, vuestra tristeza se convertirá en gozo. —Juan 16:20

Dios nos da gozo duradero. A Satanás le encantaría robar nuestro gozo, pero el gozo que tenemos en Jesús no nos puede ser arrebatado.

Cuando mi hijo mayor tenía unos dos años, yo me aventuré con valentía a hacer algunos recados bajo la lluvia. Era uno de esos días en los que llueve todo el tiempo, pero yo estaba decidida a completar algunas de las tareas de mi lista. Cuando terminamos, quería llevar a mi hijo a mi pastelería favorita como recompensa. Cuando entramos, mi hijo se volteó inmediatamente, se subió a una silla y se puso a mirar por la ventana a la lluvia y los charcos. Yo le dije varias veces: "¡Voltéate! ¡Mira todos estos dulces!". Pero él no quitaba los ojos de la lluvia. Las muchachas que estaban tras el mostrador se reían porque eso continuó por varios minutos. A pesar de todas las veces que le hablé de las cosas buenas que le estaban esperando si se daba la vuelta y miraba, él solo quería ver la lluvia.

Dios trajo convicción a mi corazón ese día. En ocasiones estamos tan enfocadas en la lluvia, los charcos y las cosas difíciles en nuestra vida, que nos perdemos la bendición que Dios tiene para nosotras si tan solo nos volteamos. Él está diciendo: "¡Voltéate! ¡Tengo muchas promesas para ti! Solo tienes que apropiarte de ellas". Cuando ponemos nuestra fe en Cristo y el Espíritu Santo viene a habitar en nuestro interior, Él trae consigo el regalo más maravilloso: el fruto del Espíritu (ver Gálatas 5:22-23). ¡El gozo es parte de ese fruto!

PARA PENSAR

El gozo que tenemos en Cristo es completo; no le falta nada, no es defectuoso y no está en proceso. Lo obtenemos todo de golpe.

Hasta ahora nada habéis pedido en mi nombre; pedid, y recibiréis, para que vuestro gozo sea cumplido. —Juan 16:24

Sé que suena bien, pero ¿cómo nos apropiamos de este gozo completo y eterno? Jesús nos dice: *Yo soy la vid, vosotros los pámpanos; el que permanece en mí, y yo en él, este lleva mucho fruto; porque separados de mí nada podéis hacer* (Juan 15:5). Produciremos el fruto del gozo cuando permanezcamos en Él y habitemos en su Palabra. No podemos experimentar este gozo separadas de Dios.

Cuando necesites recordar su gozo, voltéate y busca en su Palabra. Recuerda su fidelidad. Recuerda su carácter. Recuerda sus promesas. Recuerda que solo en Él encontrarás el gozo que puede existir incluso en medio de la oscuridad. *Estas cosas os he hablado, para que mi gozo esté en vosotros, y vuestro gozo sea cumplido* (Juan 15:11).

MÁS VERSÍCULOS PARA ESTUDIAR U ORAR

Salmos 16; Juan 15; Gálatas 5:22-23

VERSÍCULO DEL DÍA

También vosotros ahora tenéis tristeza; pero os volveré a ver, y se gozará vuestro corazón, y nadie os quitará vuestro gozo.

—Juan 16:22

ORACIÓN

Tú eres el Dios de todo gozo. Cuando mi vida parezca de todo menos gozosa, aun así puedo tener gozo pleno porque tu gozo está en mí. Tú estás conmigo y en mí. Me has enseñado en el Salmo 16:9: *Se alegró por tanto mi corazón, y se gozó mi alma; mi carne también reposará confiadamente.* Satanás no puede robarme tu gozo, así que me aferro a tu gozo que es fiel.

PIENSA

_____

_____

_____

ORA

_____

_____

_____

ALABA

_____

_____

_____

PENDIENTES   **LISTA DE ORACIÓN**

_____   _____

_____   _____

_____   _____

PREGUNTAS PARA UNA REFLEXIÓN MÁS PROFUNDA

1. ¿De qué maneras puedes permanecer en Jesús?

_____

_____

_____

2. ¿De qué manera te produce gozo conocer a Dios, su Palabra y su carácter?

Día 24

DIOS FIELMENTE DA NUEVA VIDA

Porque somos sepultados juntamente con él para
muerte por el bautismo, a fin de que como Cristo resucitó de los
muertos por la gloria del Padre, así también nosotros
andemos en vida nueva.
—Romanos 6:4

Mientras estoy sentada escribiendo, tengo abierta otra ventana en mi computadora con un video en directo de la incubadora para pollitos de la escuela de mis hijos. ¡Nos toca vigilar a los pollitos! Mi hija y yo vimos nacer a dos anoche, y esta mañana vimos que otro comenzaba a picotear la cáscara del huevo, haciéndole alguna grieta. ¡Y después el tercero salió de la cáscara! ¡No puedo quitarle los ojos de encima! Estoy ensimismada viendo a esos pequeños pollitos bebés llegar al mundo. Los veo tambalearse, intentando caminar bien, con las plumas enredadas por el ambiente húmedo dentro de sus cascarones. Pero en cuestión de horas, ya caminan con seguridad. ¡Qué lindos, parecen peluches! (son muchas exclamaciones, ¡pero es que ver surgir nueva vida es emocionante!).

Nosotras también tenemos nueva vida. Hay muchos versículos en la Escritura que nos hablan de la nueva vida en Cristo; ¡porque Dios es el dador de vida!

Pero Dios, que es rico en misericordia, por su gran amor con que nos amó, aun estando nosotros muertos en pecados, nos dio vida juntamente con Cristo (por gracia sois salvos). —Efesios 2:4-5

De modo que si alguno está en Cristo, nueva criatura es; las cosas viejas pasaron; he aquí todas son hechas nuevas.
—2 Corintios 5:17

Y a vosotros, estando muertos en pecados y en la incircuncisión de vuestra carne, os dio vida juntamente con él, perdonándoos todos los pecados. —Colosenses 2:13

¡Quiero gritar esta buena noticia a todo el mundo! ¡Quiero exclamar, con muchos signos de admiración!: "¡Estaba muerta, pero ahora vivo!". Desde el principio, en Génesis 1, vemos cómo Dios crea nueva vida, pero la verdad es que yo me he peleado con esta verdad. ¿Dónde está mi *nueva vida* cuando la vida aquí en la tierra me deja sintiéndome sin vida?

La palabra griega para vida es *zóé*.[8] Es la personificación del concepto de que la vida proviene de una fuente. Entonces, ¿qué es esta vida que tenemos gracias a Jesús? "Siempre (solamente) viene y se sostiene por *la vida autoexistente de Dios*. El Señor *comparte íntimamente* su regalo de la vida con las *personas*, creando a cada una a *su imagen*, lo cual nos da la capacidad de llegar a conocer su vida eterna".[9] Dios es la fuente de vida porque Él es autoexistente; no necesita nada ni nadie que sostenga su vida. Él es vida, pero también *da* vida. Su vida nos sostiene tanto física como espiritualmente. Su vida no es el *mínimo indispensable* para sobrevivir. Juan 10:10 dice que Él vino no solo para que tengamos vida, sino para dárnosla en abundancia. A lo largo de la Escritura vemos evidencia de Dios soplando vida para hacer que viva lo que alguna vez estuvo muerto.

8. 2222, zóé, *Strong's Greek Concordance*.
9. "2222 zōé – life", Bible Hub, biblehub.com/greek/2222.htm

PARA PENSAR

Lo que me resulta fascinante es que los versículos que siguen a los que he mencionado anteriormente apuntan todos a un tema similar: nuestra nueva vida en Cristo afecta nuestra manera de vivir. Cuando reconocemos la vida que tenemos gracias a Jesús, cambiará nuestro modo de caminar. Ya no vivimos en pecado. De hecho, "el pecado no tendrá dominio" sobre nosotras (Romanos 6:14, NVI). El pecado ya no tiene la última palabra. Nuestra carne no nos controla, así que podemos participar de un proceso llamado *santificación*. Lo sé, es una palabra imponente, pero es el proceso de parecernos menos a la vieja versión pecaminosa de nosotras mismas y, con el tiempo, parecernos más a Jesús.

Todas nos tambaleamos cuando damos los primeros pasos de nuestra nueva vida, igual que esos pollitos recién nacidos, pero cuanto más tiempo caminemos con Dios, más firmes estaremos. De nuevo, no es en nuestras fuerzas sino en su *zóé*.

El pecado ya no tiene control sobre ti porque Dios da vida. Puedes andar en sus caminos y apoyarte en el Dios que te sostiene. ¡Regocíjate en esta vida nueva! Antes estuviste muerta, pero ahora, gracias a Jesús, ¡estás viva! (Ah, ¡y también lo están dos pollitos más!).

MÁS VERSÍCULOS PARA ESTUDIAR U ORAR

Juan 10:10; 2 Corintios 5:17-19; Efesios 2:4-10; Colosenses 2:8-14

VERSÍCULO DEL DÍA

Porque somos sepultados juntamente con él para muerte por el bautismo, a fin de que como Cristo resucitó de los muertos por la gloria del Padre, así también nosotros andemos en vida nueva.

—Romanos 6:4

ORACIÓN

Señor, tú eres el dador de vida. Tú eres Aquel que existe por sí mismo y compartes tu vida con nosotros. Cuando la vida aquí me deje sintiéndome sin vida, permíteme recordar tu *zóé*. Cuando sea tentada a regresar a mi vieja naturaleza, recuérdame que soy una nueva creación. Lo viejo ha pasado y lo nuevo ha llegado. ¡Tú eres fiel para dar vida!

PIENSA

_____

_____

_____

ORA

_____

_____

_____

ALABA

_____

_____

_____

PENDIENTES

_____

_____

_____

LISTA DE ORACIÓN

_____

_____

_____

PREGUNTAS PARA UNA REFLEXIÓN MÁS PROFUNDA

1. ¿En qué áreas de tu vida estás dependiendo de la vida de Dios que te sustenta?

    _____

    _____

    _____

2. ¿En qué área sigues intentando regresar a tu vieja naturaleza? ¿Cómo puedes confiar en la nueva vida de Dios para ti?

    _____

    _____

    _____

Día 25

DIOS FIELMENTE DA LIBERTAD

Estad, pues, firmes en la libertad con que Cristo nos hizo libres,
y no estéis otra vez sujetos al yugo de esclavitud.
—Gálatas 5:1

Crecí con unas buenas normas… lo que pasa es que no lo sabía. Una de las normas de mis padres era que solo podíamos comer un dulce por día. Querían enseñarnos a tener un balance saludable en nuestra dieta, pero no sabes cuán difícil era eso para una niña loca por el azúcar. Me *encantan* los dulces; por lo tanto, cuando me mudé a mi primer apartamento en la universidad me volví un poco loca. Cada semana compraba un paquete de masa de galletas para picotear, bebía refrescos y me terminaba botes enteros de helado; todo eso además de las otras cosas poco saludables que comía. Ya no vivía bajo las mismas normas de antes. Era libre… o eso pensaba yo.

No pasó mucho tiempo antes de que empezara a sentir los pantalones un poco ceñidos, y después ya ni siquiera me servían. Me di cuenta de que las normas que mis padres habían establecido eran sabias. Aunque ya no vivía bajo sus normas, seguían siendo buenas pautas para vivir una vida saludable.

Los israelitas habían vivido bajo la ley durante siglos, pero una y otra vez fracasaban al intentar cumplirla. No había ni una sola persona capaz de vivir una vida perfecta cumpliendo todos los requisitos necesarios para vivir en la presencia de Dios, razón por la cual les dio la ley. Las leyes de Dios siempre demuestran que no podemos hacer lo necesario para salvarnos. Somos incapaces de cumplir sus leyes y vivir una vida perfecta. Ese peso es una carga demasiado pesada para cargarla nosotras, así que Dios vino aquí hecho carne para vivir la vida perfecta y morir por nosotros. Gracias a Jesús, el Hijo de Dios, eres libre. Ya no vives bajo el peso de la ley. El precio ya ha sido pagado.

Bajo la ley, éramos esclavas del pecado. En nuestro versículo para este día, Pablo escribe a la iglesia de Galacia instándolos a que sigan caminando en su libertad en lugar de regresar a la esclavitud que experimentaban bajo el pecado. Quería que estuvieran plantados firmes en su fe, recordando que habían sido liberados. Los instó a que no pecaran como hacían antes de conocer a Jesús; ¡que recordaran que eran nuevas criaturas!

Dios quiere lo mismo para nosotras.

PARA PENSAR

Pablo sigue un patrón de pensamiento interesante en Gálatas 5. Comienza con un argumento acerca de la libertad *de* la ley en lugar de vivir *bajo* la ley. Nuestra tendencia es responder, igual que yo respondí cuando experimenté la libertad en la universidad: "La ley está muerta, y vivimos bajo la gracia y la libertad de Cristo". Y, en lo que dice a continuación, Pablo señala que el propósito de la ley nunca fue salvarnos. Solo la fe en Jesús nos salvará. Sin embargo, aun siendo libres, *obedecemos* la ley porque estamos agradecidas por la obra de Cristo en nosotras. Caminar en libertad afecta la forma en que vivimos igual que caminar teniendo vida nueva. Pablo dice que no nos servimos a nosotras mismas, sino que nos amamos y nos servimos los unos a los otros. La clave para amar a tu prójimo y caminar en libertad está en caminar en el Espíritu.

Digo, pues: Andad en el Espíritu, y no satisfagáis los deseos de la carne. Porque el deseo de la carne es contra el Espíritu, y el del

*Espíritu es contra la carne; y estos se oponen entre sí, para que
no hagáis lo que quisiereis.* —Gálatas 5:16-17

Si caminamos en el Espíritu, permitiendo que el Espíritu Santo
que está en nosotras nos empodere, las cosas de este mundo perderán
su atractivo y produciremos el fruto del Espíritu. ¿Y cuál es el fruto
de esta vida en el Espíritu? Se compone de *amor, gozo, paz, paciencia,
benignidad, bondad, fe, mansedumbre, templanza* (Gálatas 5:22-23).

Vivir en libertad bajo la gracia nos da acceso a este maravilloso
fruto. Está todo dentro de nosotras porque le pertenecemos a Jesús.
Si caminamos en el Espíritu, no tendremos que preocuparnos por la
ley, porque el Espíritu cumple la ley a la perfección. ¡Cuánta gracia!
Ya no tenemos el peso de la presión de la ley sobre nuestros hombros.
Podemos caminar al ritmo del Espíritu y su fruto abundante porque
caminamos en una libertad que es fiel.

MÁS VERSÍCULOS PARA ESTUDIAR U ORAR

Levítico 19:9-18

VERSÍCULO DEL DÍA

*Estad, pues, firmes en la libertad con que Cristo nos hizo libres,
y no estéis otra vez sujetos al yugo de esclavitud.* —Gálatas 5:1

ORACIÓN

Padre, tú eres el Dios de la libertad. Cumpliste los requisitos de justicia de la ley en Jesús, y ahora el peso de la ley
ya no descansa sobre mis hombros. Gracias por darnos el
Espíritu como nuestro Ayudador. Oro para que me ayudes a
caminar en sintonía con el Espíritu, para que pueda vivir los
deseos del Espíritu haciendo morir los deseos de mi carne.
Ayúdame a estar llena de amor, gozo, paz, paciencia, benignidad, bondad, fe, mansedumbre y templanza.

PIENSA

ORA

ALABA

PENDIENTES

LISTA DE ORACIÓN

PREGUNTAS PARA UNA REFLEXIÓN MÁS PROFUNDA

1. ¿En qué áreas de tu vida te sientes tentada a regresar a tu vieja naturaleza?

2. ¿Cómo afecta tu vida la libertad que Dios te da?

_____

_____

_____

Día 26

DIOS ES FIEL PARA USAR SU PALABRA

Lámpara es a mis pies tu palabra, y lumbrera a mi camino.
—Salmos 119:105

No siempre me gustó leer mi Biblia. De hecho, durante la mayor parte de mi vida no la leí. Sí, leía alguno que otro versículo, pero lo que sabía de la Biblia era principalmente por devocionales o estudios bíblicos de completar las palabras faltantes. Aunque estos libros por supuesto que tienen su lugar (¡o sea, estás leyendo un devocional ahora mismo!), nunca te darán lo que puede darte un estudio directo de la Palabra de Dios. Su Palabra tiene propósito, y Dios es fiel para usar su Palabra de muchas maneras diferentes.

El Salmo 119 es el capítulo más largo de la Biblia, con 176 versículos (¡tienes puntos extra si has leído todo el capítulo hoy!). Esta carta de amor a la Palabra de Dios es un poema acróstico, lo que significa que cada estrofa comienza con una letra del alfabeto hebreo, en orden. Hace varios años atrás escribí un estudio inductivo acerca del Salmo 119 que se titula *Light & Life* [Luz y vida], y uno de sus enfoques es descubrir las maneras en que Dios usa su Palabra en nuestras vidas. En la introducción del estudio doy este ejemplo:

Salmos 119:130 dice: *La exposición de tus palabras alumbra; hace entender a los simples.* La palabra hebrea para exposición significa "abertura o entrada". Piensa en su Palabra como una puerta. Cuando abrimos su Palabra, es como abrir una puerta. La luz entra y sale, y a través de ella entramos en su gloriosa presencia donde Él nos da entendimiento, por muy *simples* que seamos.[10]

Estas son algunas de mis maneras favoritas en las que Dios usa su Palabra en el Salmo 119:

- Su Palabra nos mantiene puras: *¿Con qué limpiará el joven su camino? Con guardar tu palabra* (v. 9).

- Su Palabra nos da fuerza: *Se deshace mi alma de ansiedad; susténtame según tu palabra* (v. 28).

- Su Palabra nos da consuelo y vida: *Ella es mi consuelo en mi aflicción, porque tu dicho me ha vivificado* (v. 50).

- Su Palabra nos lleva a adorar: *A medianoche me levanto para alabarte por tus justos juicios* (v. 62).

- Su Palabra refuerza su fidelidad: *Para siempre, oh Jehová, permanece tu palabra en los cielos. De generación en generación es tu fidelidad* (vv. 89-90).

- Su Palabra nos señala la verdad: *De tus mandamientos he adquirido inteligencia; por tanto, he aborrecido todo camino de mentira* (v. 104).

- Su Palabra nos guía: *Lámpara es a mis pies tu palabra, y lumbrera a mi camino* (v. 105).

- Su Palabra nos da paz y nos guarda de tropezar: *Mucha paz tienen los que aman tu ley, y no hay para ellos tropiezo* (v. 165).

Siempre que nos acerquemos a la Escritura dejando a un lado nuestras propias agendas y buscando con humildad a Dios primero y ante todo, Él será fiel en usar su Palabra.

PARA PENSAR

Isaías usa una imagen preciosa para explicar cómo usa Dios su Palabra:

---

10. Erin H. Warren, *Light & Life: An Inductive Study on Psalm 119* (Orlando, FL: Headley Warren Productions, 2021).

Porque como desciende de los cielos la lluvia y la nieve, y no vuelve allá, sino que riega la tierra, y la hace germinar y producir, y da semilla al que siembra, y pan al que come, así será mi palabra que sale de mi boca; no volverá a mí vacía, sino que hará lo que yo quiero, y será prosperada en aquello para que la envié.

—Isaías 55:10-11

La lluvia cae sobre la tierra, empapa el suelo, nutre las plantas y produce una cosecha. De la misma manera, la Palabra de Dios cae sobre nosotras, nos empapa, nutre nuestras almas con la verdad y produce vida. Podemos confiar en que cada vez que abrimos nuestra Biblia, Dios está sembrando semillas y regándolas para dar vida a nuestras almas cansadas. Podemos sacar tiempo para leer nuestra Biblia y confiar en que Dios aumentará nuestra fe, porque Él es fiel para cumplir sus propósitos a través de su Palabra.

MÁS VERSÍCULOS PARA ESTUDIAR U ORAR

Isaías 55:10-11

VERSÍCULO DEL DÍA

Lámpara es a mis pies tu palabra, y lumbrera a mi camino.

—Salmos 119:105

ORACIÓN

Dios, tú eres fiel en usar tu Palabra para darme vida. Cuando hoy abra mi Biblia, te pido que tu Espíritu Santo me encuentre en las páginas de la Escritura y derrame verdades que dan vida. Dame entendimiento, ilumina mi camino y profundiza mi fe mientras estudio tu santa Palabra.

PIENSA

ORA

_____

_____

_____

ALABA

_____

_____

_____

PENDIENTES   LISTA DE ORACIÓN

_____   _____

_____   _____

_____   _____

PREGUNTAS PARA UNA REFLEXIÓN MÁS PROFUNDA

1. ¿De qué otras maneras usa Dios su Palabra según Salmos 119?

_____

_____

_____

2. ¿De qué maneras has visto que Dios ha usado las verdades de la Escritura para aumentar tu fe?

_____

_____

_____

Día 27

DIOS ES FIEL PARA RESTAURARNOS

Crea en mí, oh Dios, un corazón limpio,
y renueva un espíritu recto dentro de mí.
—Salmos 51:10

Ahí estaba yo, de pie, estupefacta, mirando la marca permanente en mi sofá blanco y negro. Mi sofá bueno, al cual "está prohibido que los niños se suban o se acerquen" tenía seis enormes rayas negras de marcador. Yo estaba sintiendo todas las emociones a la vez: tristeza, ira y frustración. Por un lado, pensé: *Es solo un sofá. Aún cumple su función. Las personas todavía se pueden sentar en él.* Pero, por otro lado, sabía que en el instante en el que mi bebé consiguió (no sé cómo) un marcador permanente y convirtió mi sofá en una obra de arte, este había perdido completamente su valor. Ya no lo verían como el precioso sofá que había sido hasta ese momento. Estaba deslucido.

A veces nos vemos así a nosotras mismas. Miramos las líneas negras de marcador que hay por toda nuestra vida, y permitimos que Satanás nos diga que estamos deslucidas; que Dios nunca podrá quitar la marca y que Él nunca permitirá que seamos usadas por ello. Que no podemos ser restauradas.

Pero nada más lejos de la verdad.

El Salmo 51 es un clamor del rey David. Había reconocido que su conducta con Betsabé era pecado (ver 2 Samuel 11–12). El profeta Natán había confrontado a David y el rey había visto su propio pecado con los ojos de Dios. Ahora estaba devastado. Escribió este salmo en el que ruega pidiendo a Dios misericordia y que lo limpie de su pecado.

Purifícame con hisopo, y seré limpio; lávame, y seré más blanco que la nieve. Hazme oír gozo y alegría, y se recrearán los huesos que has abatido. Esconde tu rostro de mis pecados, y borra todas mis maldades. Crea en mí, oh Dios, un corazón limpio, y renueva un espíritu recto dentro de mí. —Salmos 51:7-10

David sabía que Dios es el maestro quitamanchas. Él reclama la promesa de que Dios lo limpiará y lo restaurará.

Igual que Dios se encontró con David tal cual estaba, Dios se encuentra con nosotras tal cual estamos (quebradas, heridas, deslucidas y manchadas) y nos limpia con la sangre de Jesús. Nos renueva y nos restaura.

El pecado produce separación en nuestra relación con Dios, pero su misericordia es mucho más abundante que nuestro pecado. Él no solo nos limpia, sino que también es fiel para restaurarnos (ver 1 Pedro 5:10). Me gusta pensar en la restauración como un aditivo (que Él nos dará más), pero la palabra griega para *restaurar* que se usa en 1 Pedro 5:10 se traduce literalmente como "ajustar hasta estar completamente funcional". Dios quita todo aquello que nos impide actuar con gozo por nuestra salvación. Él quita las impurezas, el pecado y las marcas de tinta con el objetivo de hacernos seguidoras suyas completamente funcionales.

PARA PENSAR

Dios hace algo incluso más extraordinario que restaurarnos: usa su restauración como parte de nuestro testimonio. Su limpieza renueva el gozo de nuestra salvación, y Él da gloria a su nombre por ello (ver Salmos 51:13-15).

Tu pecado no es más poderoso que la misericordia de Dios. En Él encontrarás abundante misericordia que te limpiará hasta dejarte blanca como la nieve. La palabra cristiana para esto es *justificación*. Es como si nunca hubieras pecado. Ese es nuestro Dios restaurador. Por lo tanto, ¡habla a otros de su grandeza! ¡Que tus labios canten alabanzas!

MÁS VERSÍCULOS PARA ESTUDIAR U ORAR

1 Pedro 5:10; Apocalipsis 2:11

VERSÍCULO DEL DÍA

Crea en mí, oh Dios, un corazón limpio, y renueva un espíritu recto dentro de mí. —Salmos 51:10

ORACIÓN

Dios, tú eres fiel para restaurar el corazón de aquel que pone su fe en ti. He pecado. Me he equivocado. El pecado me ha manchado, pero tú eres fiel para lavarme y dejarme blanca como la nieve. Límpiame y restaura en mí el gozo de mi salvación. Quiero hablar a otros de tu salvación y declarar tus alabanzas. Que otros se vuelvan a ti por las palabras de mi testimonio.

PIENSA

ORA

ALABA

_____

_____

_____

PENDIENTES

_____

_____

_____

LISTA DE ORACIÓN

_____

_____

_____

PREGUNTAS PARA UNA REFLEXIÓN MÁS PROFUNDA

1. ¿En qué áreas de tu vida necesitas la restauración de Dios?

_____

_____

_____

2. ¿De qué maneras has visto que Dios te ha limpiado y renovado a pesar de tu pecado?

_____

_____

_____

Día 28

DIOS ES FIELMENTE DIGNO

*¡Oh Jehová, Señor nuestro, cuán grande es
tu nombre en toda la tierra!*
—Salmos 8:9

Cuando voy manejando, muchas veces me pierdo en mis pensamientos, seguramente porque estar sola en el auto es el único momento en el que estoy en silencio (¡y la verdad es que no es tan silencioso!). Algunas veces eso es bueno, y otras no tanto. Hoy estaba pensando en cuán difícil ha sido la vida. Es el cumpleaños de mi hija, pero también ha pasado un año desde que mi hijo recibió su diagnóstico de diabetes tipo 1. Tengo mucho que pensar acerca de eso.

Mis pensamientos se dirigieron después a la iglesia. Este pasado domingo cantamos un canto sobre magnificar el nombre de Dios; es algo que solemos hacer. Sentados en los bancos de la iglesia el domingo, cantamos acerca de la majestad de nuestro Dios y su gloria que no tiene igual. Le damos la bienvenida al Espíritu Santo a ese lugar de adoración. Él es digno de toda nuestra alabanza, y por eso su iglesia levanta las voces al unísono. Pero la alabanza y la gloria de nuestro Dios no están reservadas para los domingos en los santuarios.

Mientras manejaba, pensaba: *Incluso aquí... ¿Acaso no es santo incluso aquí, en este lugar? ¿Acaso Él no es magnificado aquí, en este lugar? ¿En este lugar de tristeza? ¿Este lugar de lo mundano? ¿Este lugar de lo incierto? ¿Este lugar de sueños perdidos? ¿Este lugar de decepción?*

¿Este lugar de enfermedad? ¿Este lugar de agotamiento? ¿Este lugar de temor? ¿Este lugar de inquietud? ¿Acaso no sigue siendo digno? Sí. Lo es.

PARA PENSAR

El Salmo 8 es un canto de alabanza al majestuoso nombre de Dios. No hay nada que me ponga en mi lugar con más rapidez que considerar la grandeza de Dios.

Cuando veo tus cielos, obra de tus dedos, la luna y las estrellas que tú formaste, digo: ¿Qué es el hombre, para que tengas de él memoria, y el hijo del hombre, para que lo visites?

—Salmos 8:3-4

No hace falta mirar muy lejos para ver una demostración de la grandeza de Dios. Él es el Creador de toda la tierra y los cielos, y toda la creación se postra ante su soberanía. Su nombre, Creador, no significa que Él es creativo. Significa que está a cargo de la creación. Él existió antes de la creación; es eterno, infinito, inagotable, soberano y jefe. Como un artista que controla cada pincelada, nuestro Dios creó la obra maestra de la creación. Incluso nuestros propios cuerpos y la forma en que los diseñó proclaman su majestad.

Job 38–40 son mis capítulos favoritos para leer acerca de la grandeza de Dios en la creación. Job cuestiona a Dios en medio de su sufrimiento, y Dios le responde recordándole que Él es el majestuoso Creador. La respuesta de Dios nos recuerda su lugar como Aquel que echó los cimientos de la tierra, les dice a los mares dónde detenerse, es dueño del tiempo y le dice al sol cuándo salir. Cuando Dios termina, Job responde: *He aquí que yo soy vil; ¿qué te responderé? Mi mano pongo sobre mi boca* (Job 40:4). Yo soy muy pequeña. Él es grande. Solo Él es digno.

Sí, el pecado dañó nuestro mundo. El pecado trajo desolación a este lugar, pero no pudo superar la majestad y la gloria de nuestro gran Dios. Y en este lugar Dios trajo esperanza a través de Jesús. Podemos alabarlo incluso en este lugar porque Dios es fielmente digno.

MÁS VERSÍCULOS PARA ESTUDIAR U ORAR

Job 38-40; Romanos 11:33-36

VERSÍCULO DEL DÍA

¡Oh Jehová, Señor nuestro, cuán grande es tu nombre en toda la tierra! —Salmos 8:9

ORACIÓN

Dios, tú eres majestuoso en *este* lugar. Solo tú eres digno en *este* lugar. Aunque mis ojos están empapados de lágrimas y mi corazón batalla con el dolor, tú eres fielmente digno. ¿Quién puede aconsejarte? ¿Quién puede compararse a tu majestad? Que mi corazón cante tus alabanzas. Que mis labios hablen de tu grandeza. Incluso en *este* lugar, Señor, te adoro.

PIENSA

ORA

ALABA

PENDIENTES

LISTA DE ORACIÓN

_____
_____
_____

_____
_____
_____

PREGUNTAS PARA UNA REFLEXIÓN
MÁS PROFUNDA

1.   ¿Qué es *este* lugar para ti ahora mismo?

_____
_____
_____

2.   ¿Cómo puedes magnificar el gran nombre de Dios incluso aquí?

_____
_____
_____

Día 29

SÉ FIEL EN PONER TU MENTE EN CRISTO

Si, pues, habéis resucitado con Cristo, buscad las cosas de arriba, donde está Cristo sentado a la diestra de Dios. Poned la mira en las cosas de arriba, no en las de la tierra. Porque habéis muerto, y vuestra vida está escondida con Cristo en Dios.
—Colosenses 3:1-3

No puedo imaginarme cómo fue el sonido. Había millones de israelitas atrapados entre el duro desierto y el Mar Rojo. Imagino que habría un suave retumbe de murmullos mientras esperaban el próximo paso. Y entonces, de repente, el sonido de cientos de carruajes sacudió el desierto. Los hombres del faraón se acercaban rápidamente, y los israelitas dirigieron hacia allá su mirada.

Y cuando Faraón se hubo acercado, los hijos de Israel alzaron sus ojos, y he aquí que los egipcios venían tras ellos; por lo que los hijos de Israel temieron en gran manera. —Éxodo 14:10

La dirección en la que miramos importa. En Éxodo 14:1-2 Dios había dado instrucciones específicas acerca de la dirección en la cual debían mirar los israelitas. Les dijo que miraran hacia adelante porque Él estaba en una columna de nube, guiándolos a través del desierto. Dios iba delante de ellos, pero apartaron sus ojos de Él y fijaron su mirada en el enemigo. El resultado fue temor.

Las cosas en las que ponemos nuestra mente importan. Los caminos de Dios no son nuestros caminos y sus pensamientos no son nuestros pensamientos (Isaías 55:8-9). En la Escritura se nos llama a poner nuestras mentes en las cosas de Dios en lugar de en las cosas humanas porque ya no pertenecemos a este mundo. Hemos muerto a nuestro viejo yo y hemos resucitado a una nueva vida en Jesús.

Te voy a explicar lo que me cuesta entender con respecto a esto: estoy aprendiendo que las cosas de Dios tienen más que ver con la eternidad y en quién nos estamos convirtiendo durante nuestro tiempo en la tierra, y menos con qué trabajo que tenemos, la casa en la que vivimos, nuestra sanidad terrenal o satisfacer los deseos de nuestra naturaleza pecaminosa. Dios quiere nuestros corazones completos. Quiere toda nuestra devoción. Quiere todo nuestro enfoque. No porque Él sea egoísta o piense que es el mejor, sino porque sabe lo que nos espera cuando somos fieles en poner los ojos en Él.

La palabra de Cristo more en abundancia en vosotros (Colosenses 3:16) haciendo morir la propensión hacia el pecado y la carne, y cuando continúas manteniendo el enfoque puesto en las cosas de arriba.

PARA PENSAR

¿Qué significa poner la mente en Jesús? La Escritura nos da varias maneras en las que podemos hacerlo e identifica los beneficios que experimentamos cuando lo hacemos. Estas son solo algunas:

+ Poner la mente en Jesús nos permite discernir la voluntad de Dios (ver Romanos 12:1-2). Cuando buscamos a Dios y permitimos que nuestras mentes sean transformadas, no conformándonos a este mundo, podemos discernir mejor la voluntad de Dios. Esto no significa necesariamente que sabremos lo que tenemos que hacer, sino que nos estamos pareciendo más a Cristo cada día.

+ Poner la mente en Jesús nos permite experimentar la paz de Dios (ver Filipenses 4:8-9). Pablo nos da indicaciones para discernir las cosas que son de Dios. En los momentos en los que cuestionamos nuestros pensamientos, podemos preguntar: ¿Esto es verdad? ¿Esto es honesto? ¿Esto es puro? De lo contrario, no es de Dios. Cuando cambiamos nuestro enfoque y ponemos nuestra mente en Él, Dios promete su paz para nuestras vidas.

+ Poner la mente en Jesús nos impide desviarnos (ver Hebreos 2:1). Cuando apartamos los ojos de Dios y los fijamos sobre nuestro enemigo, nos desviamos. No hay otra opción. La palabra griega que se utiliza para *atender* significa "poner la mente en". Cuando nos desviamos, no nos acercamos; nos desviamos lejos de Dios. Fijar nuestros ojos en Él no será algo que ocurra naturalmente. Debemos poner nuestra mente en Dios de manera intencional y debemos seguir haciéndolo fielmente día a día, en cada momento, o nos desviaremos hacia el mundo.

La dirección en la que miras importa. El lugar en el que pones tu mente importa. Sé fiel en mirar a Jesús y pon tu mente en Él.

MÁS VERSÍCULOS PARA ESTUDIAR U ORAR

Isaías 55:8-9; Marcos 8:31-38; Filipenses 4:8-9; Hebreos 2:1

VERSÍCULO DEL DÍA

Si, pues, habéis resucitado con Cristo, buscad las cosas de arriba, donde está Cristo sentado a la diestra de Dios. Poned la mira en las cosas de arriba, no en las de la tierra. Porque habéis muerto, y vuestra vida está escondida con Cristo en Dios.

—Colosenses 3:1-3

ORACIÓN

Señor, tus pensamientos no son mis pensamientos y tus caminos no son mis caminos. Ayúdame a poner mi mente en tus cosas; cosas que son verdad, que son honestas, que son justas, que son puras, que son maravillosas, que son admirables y que son dignas de alabanza. Anhelo ser transformada

mediante la renovación de mi mente, no fijando los ojos
en mi enemigo y llenándome de temor. Que pueda seguir
fijando los ojos en ti y sentir la paz que tú prometiste.

PIENSA

_____

_____

_____

ORA

_____

_____

_____

ALABA

_____

_____

_____

PENDIENTES   LISTA DE ORACIÓN

_____   _____

_____   _____

_____   _____

PREGUNTAS PARA UNA REFLEXIÓN MÁS PROFUNDA

1. ¿En qué áreas te has permitido enfocarte en el mundo en lugar de hacerlo en Dios?

2. ¿Cómo puedes prestar mucha más atención a Dios y ser fiel en mantener los ojos puestos en Jesús?

Día 30

DIOS ES FIEL PARA REGRESAR

Y oí una gran voz del cielo que decía: He aquí el tabernáculo de
Dios con los hombres, y él morará con ellos;
y ellos serán su pueblo, y Dios mismo estará con ellos como su
Dios. Enjugará Dios toda lágrima de los ojos de ellos;
y ya no habrá muerte, ni habrá más llanto, ni clamor, ni dolor;
porque las primeras cosas pasaron.
—Apocalipsis 21:3-4

"El dolor nos hace tener hambre del cielo". Cuando escuché estas palabras de Whitney Capps en una conferencia, los ojos se me llenaron de lágrimas. Es muy cierto. Los últimos años de mi vida han estado marcados por el dolor. Sin duda, puedo decir que anhelo el cielo como nunca antes. Anhelo el día en el que nuestros cuerpos sean restaurados y funcionen como deberían. Anhelo el día en el que nuestros labios se llenen de alabanzas a Dios, y nuestras palabras se llenen de bondad para con los demás. Anhelo el día en el que el temor ya no nos controle y la paz prevalezca. Anhelo el día en el que ya no haya lágrimas y el gozo eterno esté a nuestra mano derecha. Anhelo ese día… y llegará.

La historia de la fidelidad de Dios a lo largo de la Escritura nos demuestra que Él hará lo que ha dicho que hará. Y eso significa que Él será fiel para regresar.

Y estando ellos con los ojos puestos en el cielo, entre tanto que él se iba, he aquí se pusieron junto a ellos dos varones con vestiduras blancas, los cuales también les dijeron: Varones galileos, ¿por qué estáis mirando al cielo? Este mismo Jesús, que ha sido tomado de vosotros al cielo, así vendrá como le habéis visto ir al cielo.
—Hechos 1:10-11

Esta vida mientras transcurre no es fácil, y la mayoría de los días desearía que Él se diera prisa; pero nuestro Señor es eterno y está por encima del tiempo. Aunque pueda parecer que es lento en cumplir esta promesa, no es así. Él está dentro de sus tiempos, y un día regresará.

Mas, oh amados, no ignoréis esto: que para con el Señor un día es como mil años, y mil años como un día. El Señor no retarda su promesa, según algunos la tienen por tardanza, sino que es paciente para con nosotros, no queriendo que ninguno perezca, sino que todos procedan al arrepentimiento. Pero el día del Señor vendrá como ladrón en la noche; en el cual los cielos pasarán con grande estruendo, y los elementos ardiendo serán deshechos, y la tierra y las obras que en ella hay serán quemadas.
—2 Pedro 3:8-10

Algún día glorioso Él volverá por nosotros y, cuando lo haga, Él hará todo nuevo.

PARA PENSAR

Apocalipsis 21 nos muestra una imagen de lo que vendrá, y quiero que leas el capítulo completo. Yo no podría expresarlo mejor.

Vi un cielo nuevo y una tierra nueva; porque el primer cielo y la primera tierra pasaron, y el mar ya no existía más. Y yo Juan vi la santa ciudad, la nueva Jerusalén, descender del cielo, de Dios, dispuesta como una esposa ataviada para su marido. Y oí una gran voz del cielo que decía: He aquí el tabernáculo de Dios con los hombres, y él morará con ellos; y ellos serán su pueblo, y

Dios mismo estará con ellos como su Dios. Enjugará Dios toda lágrima de los ojos de ellos; y ya no habrá muerte, ni habrá más llanto, ni clamor, ni dolor; porque las primeras cosas pasaron. Y el que estaba sentado en el trono dijo: He aquí, yo hago nuevas todas las cosas. Y me dijo: Escribe; porque estas palabras son fieles y verdaderas. Y me dijo: Hecho está. Yo soy el Alfa y la Omega, el principio y el fin. —Apocalipsis 21:1-6

Cada vez que leo esas palabras, los ojos se me llenan de lágrimas. Cuán glorioso será ese día. El Alfa y Omega, el principio y el fin, Aquel que es eterno, que no tiene principio, Creador de toda la tierra, hará *todas las cosas nuevas.* Habitará con nosotros y nosotros con Él. Será nuestro Dios y nosotros seremos su pueblo. No habrá más llanto o lamento. Viviremos en plenitud de fe, seguridad y confianza.

Él regresará, querida hermana. Hasta ese día, sigamos avanzando en fe. Proclamemos su fidelidad.

Mantengamos firme, sin fluctuar, la profesión de nuestra esperanza, porque fiel es el que prometió. Y considerémonos unos a otros para estimularnos al amor y a las buenas obras; no dejando de congregarnos, como algunos tienen por costumbre, sino exhortándonos; y tanto más, cuanto veis que aquel día se acerca. —Hebreos 10:23-25

Él es fiel para regresar. Esto es cierto y seguro.

MÁS VERSÍCULOS PARA ESTUDIAR U ORAR

Juan 14:1-4; Hechos 1:6-11; Hebreos 10:23-25

VERSÍCULO DEL DÍA

Y oí una gran voz del cielo que decía: He aquí el tabernáculo de Dios con los hombres, y él morará con ellos; y ellos serán su pueblo, y Dios mismo estará con ellos como su Dios. Enjugará Dios toda lágrima de los ojos de ellos; y ya no habrá muerte, ni habrá más llanto, ni clamor, ni dolor; porque las primeras cosas pasaron. —Apocalipsis 21:3-4

ORACIÓN

Jesús, tú has sido fiel y lo serás para siempre. Sé que tú regresarás y en ti todas las cosas serán hechas nuevas. Mientras espero ese día, Señor, ayúdame a aferrarme a mi fe. Permíteme recordar que tus palabras son verdaderas y seguras, y que puedo poner mi fe en ellas. Ven, Señor Jesús. Ven.

PIENSA

ORA

ALABA

PENDIENTES

LISTA DE ORACIÓN

PREGUNTAS PARA UNA REFLEXIÓN MÁS PROFUNDA

1. ¿Qué te hace anhelar el cielo?

_____

_____

_____

2. Mientras esperas, ¿cómo puedes mantenerte firme y animar a tus hermanas como se nos llama a hacer en Hebreos 10:23-25?

_____

_____

_____

APÉNDICE:

EL PLAN DE SALVACIÓN

*Pero ahora, aparte de la ley, se ha manifestado la justicia de
Dios, testificada por la ley y por los profetas; la justicia de Dios
por medio de la fe en Jesucristo, para todos los que creen en él.
Porque no hay diferencia, por cuanto todos pecaron,
y están destituidos de la gloria de Dios, siendo justificados
gratuitamente por su gracia, mediante la redención que es en
Cristo Jesús, a quien Dios puso como propiciación por medio de
la fe en su sangre, para manifestar su justicia, a causa de haber
pasado por alto, en su paciencia, los pecados pasados, con la
mira de manifestar en este tiempo su justicia, a fin de que él sea
el justo, y el que justifica al que es de la fe de Jesús.*
—Romanos 3:21-26

Estos versículos de Romanos resumen todo el evangelio.

Reconozcamos nuestro pecado y nuestra necesidad de un
Salvador:

+ Hay un estándar de ley que es requisito para estar en la presencia
  de Dios.

+ Todos hemos pecado y no podemos vivir a la altura del estándar
  requerido para vivir en la presencia de Dios.

+ Necesitamos un Salvador.

Reconozcamos que la fe en Jesús es el único camino:

+ El Antiguo Testamento apunta a Jesús.

+ Solo somos justificados por el sacrificio de Jesús.

+ No podemos ganarnos nuestra salvación a través de buenas obras; es un regalo de Dios.

+ Somos salvos solo por la fe.

Por la sangre de Jesús somos justificadas y hechas justas, y respondemos a la luz de estas verdades.

Que si confesares con tu boca que Jesús es el Señor, y creyeres en tu corazón que Dios le levantó de los muertos, serás salvo. Porque con el corazón se cree para justicia, pero con la boca se confiesa para salvación. —Romanos 10:9-10

Confiesa tu pecado delante de Dios, pon toda tu fe en Él y rinde tu voluntad a la suya. Eres salva, has recibido el regalo de la vida eterna y ahora puedes tener una relación vivificante con Dios.

UNA ORACIÓN DE SALVACIÓN

Jesús, gracias por venir y hacer lo que nosotros no podíamos hacer. Tú pagaste el precio para que yo pudiera ser rescatada no solo del infierno, sino también para tener una relación contigo. Creo en ti, Señor Jesús. Confieso que soy una pecadora que necesita desesperadamente tu gracia. Por favor, sálvame. Te entrego mi vida y me rindo a tus caminos. Gracias por ser fiel para salvar a aquellos que claman a ti.

Y AHORA ¿QUÉ?

¡Bienvenida a la familia de Dios! Te animo a hablar con una amiga o un pastor para contarles que has entregado tu vida a Jesús. Ellos pueden ayudarte a conectar con un mentor o algún estudio bíblico de grupo pequeño que te ayudará a aprender más sobre lo que significa seguir a Jesús.

ACERCA DE LA AUTORA

A Erin H. Warren le apasiona equipar y animar a mujeres para que descubran las verdades de Dios por sí mismas. Es la autora de *Feasting on Truth: Savor the Life-Giving Word of God* [Deleitarse con la verdad: saborear la Palabra de Dios que da vida] así como varios libros de estudio bíblico.

Erin lidera y enseña estudios bíblicos a través de su ministerio *Feasting on Truth*. También es productora, editora y diseñadora de video independiente a través de *Headley Warren Productions LLC*.

Se graduó de la *University of Central Florida* con una licenciatura en Radio y TV y ha estado sirviendo y trabajando en ministerios de mujeres durante años en su iglesia local. También trabajó como productora para *Golf Channel*.

A Erin le encanta cocinar, y espera que los tacos nunca pasen de moda. Ella y su esposo Kris tienen dos varones y una niña.

Para conectar con Erin, visita:

erinhwarren.com
FeastingOnTruth.com
www.youtube.com/c/erinhwarren
Instagram: @erinhwarren o @feastingontruth